AF464163

LE COLON

PAR

PAUL BORY

TOURS

MAISON ALFRED MAME ET FILS

LE COLON

3e SÉRIE GRAND IN-8o

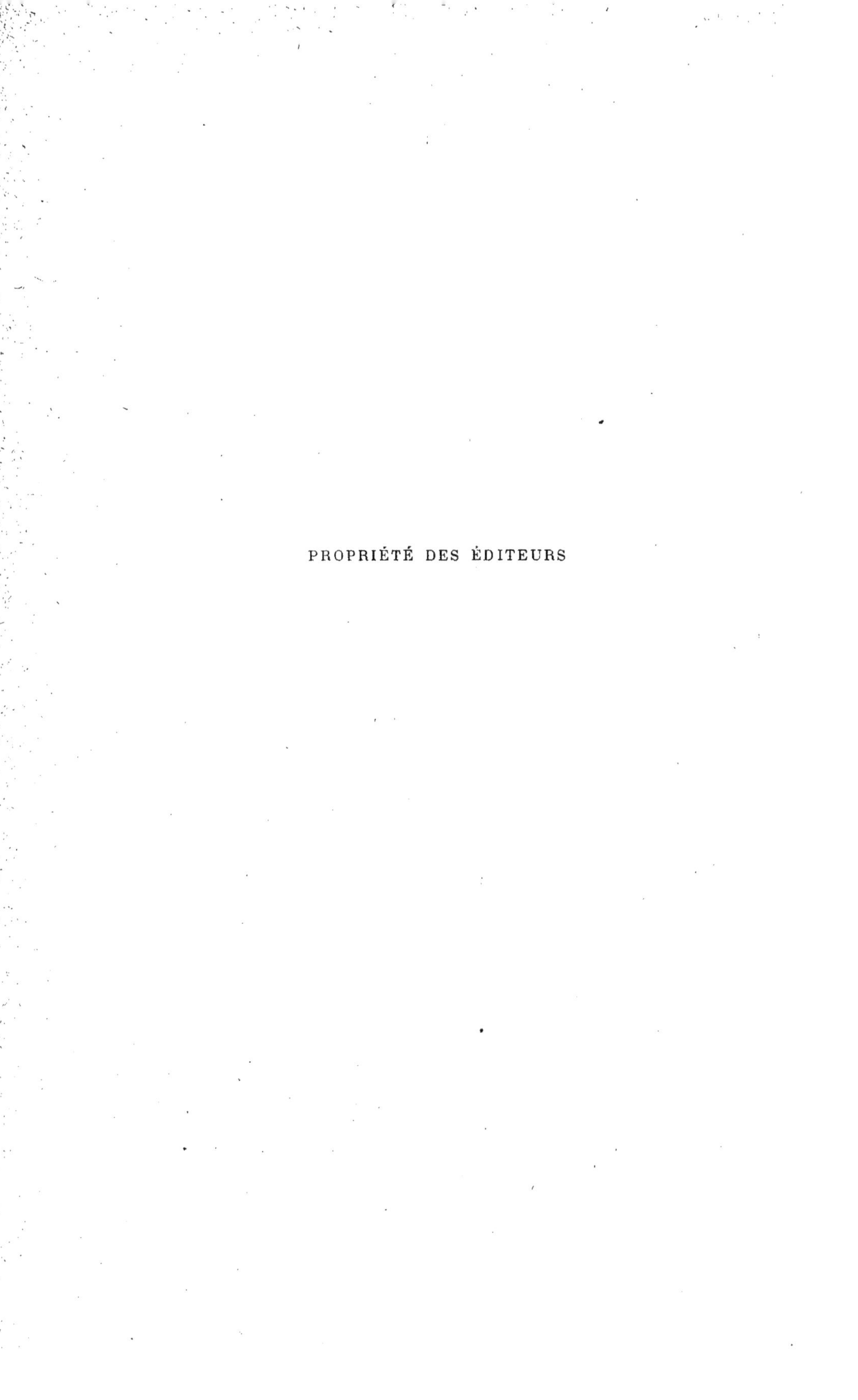

On raflait dans les grandes villes et dans les ports tous les vagabonds, petits et grands. (P. 41.)

LE COLON

PAR

PAUL BORY

TOURS

MAISON ALFRED MAME ET FILS

AVANT-PROPOS

Colonisons! colonisons! C'est le cri que poussent depuis plusieurs années déjà ceux qui ont souci de la grandeur de la France au dedans, de son expansion au dehors.

Pour beaucoup, c'est un cri de ralliement et d'espérance; pour quelques-uns, c'est tout un programme; pour la masse populaire, c'est une simple aspiration ou un mot souvent vide de sens, parce qu'elle en ignore la signification et la portée. Néanmoins, le nom de colonies frappe l'attention générale : il éveille des idées de richesse et d'indépendance, fait éclore des désirs d'aventures, désigne un but aux ambitions mal définies; il exprime vaguement un besoin général de soulagement pour nos populations écrasées par le poids de la vie moderne.

Peut-on réaliser ces désirs; faut-il encourager ces espérances; possède-t-on les moyens pratiques d'obtenir cet affranchissement des charges sociales?

La réponse à ces diverses questions est l'objet de ce court travail.

Nous nous efforcerons d'y mettre en lumière quelques principes essentiels. Nous dirons au lecteur ce qu'il faut entendre par colon; comment la colonisation est comprise en dehors de notre pays; quels résultats elle a produits chez les différents peuples d'Europe; enfin quels individus semblent appelés à coloniser et quelles voies ils doivent suivre afin d'arriver utilement au but, c'est-à-dire à leur prospérité individuelle et à celle du pays.

LE COLON

LA COLONISATION

PHYSIONOMIE DES COLONISATIONS

Quand il est question de colons et de colonisation, la majorité de nos concitoyens se représente une agglomération plus ou moins considérable d'hommes, de femmes, d'enfants, ordinairement misérables, quittant leur pays pour aller au delà des mers, dans des régions lointaines et sur des terres inoccupées, chercher la fortune ou au moins un bien-être qui leur manque dans leur patrie.

Si le tableau est à peu près exact dans sa matérialité, l'idée n'est pas toujours vraie au sens philosophique du mot. Il n'est nul besoin de groupements importants ; il n'est aucunement indispensable de franchir les mers pour coloniser. On peut devenir colon à courte distance et sans même sortir de son pays. Il suffit de porter sur un sol échappé jusqu'alors à la domination humaine le travail de défrichement qui doit le mettre en valeur, le rendre apte à nourrir ses vainqueurs et leur permettre de se fixer sur des points jusqu'ici inoccupés, de s'y bâtir des demeures stables et d'y créer un centre social.

Le Breton qui défriche la lande ingrate, le Poméranien qui

dessèche ses tourbières, le Cévenol qui reconquiert les pentes dénudées de la montagne, le Landais qui plante son immensité sablonneuse, le nomade qui, cessant d'errer, se fixe enfin sur un point, et qui tous, peu à peu, créent des villages nouveaux au cœur de leurs conquêtes, font de la colonisation, et de la meilleure. Mais, par suite d'un concours de circonstances qu'on retrouve à peu près à toutes les époques de notre histoire contemporaine et chez tous les peuples européens, la colonisation suffisamment importante pour constituer un fait social efficace se trouve avoir été le plus souvent l'œuvre de besogneux cherchant au loin, dans des régions non disputées comme dans la mère patrie, un asile pour eux-mêmes et la satisfaction de leurs ambitions.

Il faut donc compter avec ce genre de colons issus de nos sociétés modernes, et voir quelle a été jusqu'à présent l'efficacité de leur rôle, s'il y a lieu de continuer les mêmes errements ou s'il convient d'imprimer aux masses émigrantes une orientation différente. Il faut voir surtout si la colonisation et l'émigration, — deux faits que l'on confond trop souvent, — sont nécessaires, si elles ne sont pas le simple résultat d'un entraînement irréfléchi, si elles servent réellement les intérêts de ceux qui quittent la patrie et de ceux qui y demeurent fidèles.

L'antiquité, qui nous a laissé en bien des choses des modèles excellents, ne comprenait pas la colonisation ainsi que nous. Nous ne remonterons pas jusqu'aux Phéniciens et aux Grecs, qui avaient répandu autour de la Méditerranée de nombreuses colonies de commerçants et de navigateurs, d'où sont sortis et les cités d'autrefois et les centres devenus les berceaux de la civilisation du monde. Nous trouvons chez les Romains les premières formes de la colonisation susceptible de s'appliquer encore aujourd'hui à nos besoins et à nos mœurs. Ce qui subsiste de cette colonisation antique suffit pour que nous puissions nous figurer ce qu'elle devait être dans ses moyens matériels comme dans son organisation sociale.

Tout d'abord, le mot « colonie » n'avait pas le même sens chez eux que chez nous. Nous appelons ainsi des territoires situés en dehors de la métropole, conquis à grand'peine ou acquis par prise de possession, sur lesquels nous avons transporté avec un succès très variable les rouages administratifs de la mère patrie, en faisant tous nos efforts pour courber sous leur fonctionnement les populations autochtones ou celles qui se sont fixées sur ces territoires.

Le type de la colonie romaine, c'était la cité, le municipe, transporté avec tous ses organes en terre conquise et faisant rayonner sur le pays son influence à laquelle venait obéir, par intérêt ou par attrait, la région environnante.

Cette colonisation était surtout aristocratique; elle n'était pas l'exutoire des misères de la métropole. Quand ils colonisaient chez un nouveau peuple, les Romains ne travaillaient pas eux-mêmes; ils faisaient travailler les indigènes et les esclaves. Ils ne venaient pas exclusivement exploiter les richesses d'un pays neuf, ils y implantaient surtout leur bien-être et y apportaient leurs richesses déjà acquises. C'était, si on peut s'exprimer ainsi, de la villégiature exotique. Voilà comment on peut expliquer le luxe que révèlent les ruines de toutes les vieilles cités romaines, en dehors de l'Italie même.

Les Romains ne cherchaient pas la transformation des peuples conquis, ils n'ambitionnaient que leur soumission; ils se bornaient à « encadrer » les races, pour leur donner la force et la cohésion dont elles manquaient, sans compromettre pour cela leur domination sur elles.

A côté de cette colonisation toute politique, et la précédant parfois, se développait et florissait la colonisation militaire qui assura pour une large part la prépondérance romaine sur les vaincus. A la limite de ses nouvelles possessions, l'empire romain prélevait, en faveur des soldats qui les avaient conquises, une certaine quantité de terres et les leur distribuait. Le bénéficiaire était tenu à la fois de défendre la nouvelle frontière et de mettre ses champs en culture; de sorte qu'il servait en même temps son intérêt et son pays.

Telles furent les méthodes coloniales de l'antiquité jusqu'au moment où les invasions barbares vinrent bouleverser le monde.

Ce fut un état de choses détruit, que les nécessités de l'époque suivante ne permettaient guère de rétablir; d'ailleurs, les esprits et les mœurs n'étaient point aptes encore à embrasser des entreprises extérieures. Les difficultés intérieures des peuples européens ne les laissaient songer qu'à leur sécurité personnelle et à leurs querelles incessantes.

Il fallut le grand exode des croisades, issu de la foi vive de nos pères, et un peu aussi des récits merveilleux qu'on leur faisait de pays légendaires, pour donner une direction à l'esprit d'aventure qui fermentait alors en Europe. La période des croisades avait mis le vieux monde en contact avec des nations et des contrées nouvelles d'où provenaient toutes les denrées rares, tous les produits opulents que l'industrie de nos pays ignorait encore. L'ère des entreprises lointaines allait s'ouvrir et offrir un champ illimité aux navigateurs des XIVe et XVe siècles. Peu à peu on vit s'avancer vers des côtes encore insoupçonnées ou à peine entrevues les caravelles audacieuses des Dieppois et des Portugais. A chaque navigation répondait, peut-on dire, l'éclosion d'un centre de commerce, le germe d'une colonie dont plusieurs, malgré leur disparition, ont laissé des traces profondes.

L'élan était donné; le mouvement allait devenir formidable à la suite de Christophe Colomb et des *conquistadors* espagnols et portugais. Le nouveau monde était devenu une proie sur laquelle la vieille Europe se jetait avidement, où chacun, selon ses forces et son appétit, se taillait d'immenses empires.

C'était la conquête.

La colonisation se manifesta sous la forme d'une exploitation féroce et insatiable des indigènes par leurs vainqueurs, jusqu'au moment où, fatigués de leurs misères, les victimes secouèrent le joug sous lequel elles succombaient.

A partir de cette phase, dont les préludes se montrent clairement dès le XVIIe siècle, la colonisation revêt une forme nouvelle. A cette époque, où l'on n'envisageait que l'Amérique quand on parlait d'émigration, le mouvement colonial ne portait pas ailleurs. La Hollande et le Portugal avaient bien dans les mers des Indes des colonies importantes; mais l'engouement des masses les délaissait, malgré leurs éléments de prospérité, pour se précipiter de préférence sur les terres qu'on disait pétries d'or et d'argent, où la vie était un rêve réalisé au milieu d'une nature exubérante et idéale.

C'est alors que la France, l'Angleterre et la Hollande se lancèrent en concurrence dans les entreprises coloniales. Dans chacun de ces pays, le mouvement d'émigration qui en résulta fut conduit et guidé par les pouvoirs publics. La colonisation se fit surtout administrativement. Elle fut parfois un soulagement pour

Premiers colons dans le Far-West.

les quelques déshérités assez audacieux pour se lancer par delà les mers sous la protection plus ou moins attentive de l'administration ; elle fut surtout un moyen d'efficacité douteuse, pour certaines agglomérations, de se débarrasser d'éléments nuisibles.

Mais quand s'ouvrit la lutte pour l'indépendance des États-Unis, on vit surgir des masses qui, les unes par enthousiasme, les autres par goût d'aventures et espoir de richesses, se portèrent vers les pays que les événements révélaient. Leur immensité, encore insoupçonnée, autorisait toutes les espérances ; les regards de tous les déshérités d'Europe se dirigèrent avidement de ce côté. Les peuples à natalité surabondante se prirent d'amour pour ces régions nouvelles et y débarquèrent à flots pressés.

Ce fut le commencement de la colonisation anglo-saxonne, celle qui a jeté sur les terres du nouveau monde, et ailleurs encore, ces innombrables besogneux du vieux monde qui, par leurs efforts individuels, l'effet du nombre et des croisements, ont créé la race américaine actuelle. De cet amas d'éléments disparates, hétérogènes, est sorti un peuple neuf qui a donné une physionomie nouvelle à l'humanité moderne.

A l'heure présente, ce mode de colonisation encore si récent est lui-même en décadence; il disparaît peu à peu sous l'empire des conditions économiques issues de son importance même. Les masses envahissantes sont repoussées par ceux-là même qui les appelaient éperdument. Devenu riche et soucieux de conserver le fruit de son travail, le peuple américain rejette maintenant tout individu n'ayant pour fortune que ses bras. D'abord trop pauvre de main-d'œuvre pour porter à son maximum la prospérité agricole de ses terres vierges, il a suppléé à cette pénurie par le développement intensif du machinisme. L'industrie, hardiment développée, a suivi la même voie; aujourd'hui ce pays, jadis dépourvu de travailleurs, surabonde d'une main-d'œuvre qu'il ne peut toujours occuper. C'est pourquoi la législation américaine actuelle, soucieuse de ne pas aggraver les crises ouvrières qui l'agitent autant que l'Europe, a prescrit l'éloignement de tout émigrant n'apportant que des besoins à satisfaire, et exige la possession réelle de ressources suffisantes garantissant que le nouvel arrivant ne sera pas une charge pour la communauté.

Aussi les conditions de la colonisation actuelle sont-elles tout à fait différentes de celles du passé.

Chez les peuples modernes, la colonisation est devenue essentiellement individualiste. C'est à la fois son mérite et son écueil. Dans les notions courantes, le colon est un *pionnier* ou un *plan-*

teur ; un pionnier, c'est-à-dire un homme qui va à peu près tout seul sur un espace de terrain libre, qui s'y installe avec sa famille, qui tire du sol sa subsistance; quant au planteur, c'est l'homme qui a domestiqué une race et qui, par des procédés de domination plus ou moins coercitifs, fait travailler un troupeau d'esclaves.

Cette donnée générale a reçu et reçoit des modes d'application qui, décrits, constitueraient une histoire complète de la colonisation chez chacun des peuples d'Europe. Nous n'avons pas à nous lancer dans une pareille étude, les quelques pages offertes par nous sur cette question devant se renfermer dans un programme essentiellement simple et pratique. Toutefois, nous ne pouvons dédaigner les leçons du passé; nous devons essayer d'en tirer un enseignement utile, à défaut d'exemples à imiter, en examinant brièvement comment la colonisation a été comprise dans notre pays de France, ce qu'elle a produit, si elle doit être encouragée, et ce qu'elle est susceptible d'apporter à ceux qui s'y voudraient adonner.

NOTRE PASSÉ COLONIAL

En dépit de la légende créée par nos concurrents et encouragée par notre insouciance, la nation française a toujours été une nation éminemment colonisatrice. La facilité, le nombre des fondations commerciales par les races méditerranéennes dans la Gaule, l'ardeur avec laquelle se créaient entre ces colonies nouvelles et le cœur du pays des courants commerciaux, montrent bien les aptitudes de la race gauloise pour la colonisation commerciale. Au surplus, l'histoire et l'expérience sont là pour témoigner de notre aptitude à fonder des possessions exotiques ; mais elles témoignent aussi, hélas! de notre manque d'habileté à les faire prospérer et à les conserver. Par un phénomène fort explicable, mais d'une constatation douloureuse, jamais les colonies de fondation française n'ont été plus prospères que quand elles ont cessé de nous appartenir, et les possessions coloniales étrangères florissantes sont, pour la plupart, des morceaux arrachés à notre domaine d'outremer. Nous avons eu jusqu'ici la triste particularité d'être les Ratons de tous les Bertrands exotiques ; faute des conditions requises pour conserver notre bien, nous avons presque constamment travaillé pour les autres.

Un rapide coup d'œil sur notre passé colonial suffira pour le démontrer.

Après les colonies gauloises et l'interruption imposée par l'invasion des barbares, ce furent les fondations issues des Croisades qui portèrent au loin le nom des Francs; puis, surgirent les entreprises commerciales des Dieppois sur la côte occidentale d'Afrique, celles des Rouennais et celles des Rochellois. L'époque des grandes entreprises s'ouvrait à la suite des Génois, des Espagnols, des Portugais.

Ce ne sera probablement pas sans une certaine surprise que le lecteur apprendra que, vers la fin du XVIe siècle, la France avait une politique coloniale très déterminée, issue de l'opinion publique, laquelle apportait à l'étude et à la mise en œuvre des questions coloniales une ardeur égale à celle de nos contemporains. Les Français des premières années du XVIIe siècle étaient pleins d'enthousiasme pour les grands voyages et les lointaines expéditions. Les livres qui en contenaient la relation, — et ils étaient fort nombreux, — étaient lus avidement.

Déjà, les publicistes de l'époque adressaient à leurs compatriotes les mêmes reproches que nous adressons aujourd'hui aux nôtres sur leur peu d'ardeur à quitter le sol natal, sur leur inhabileté à faire œuvre durable et sur l'insuffisance des ressources consacrées à de telles entreprises. Les procédés de colonisation étaient l'objet des mêmes critiques : on voulait recueillir beaucoup avec des risques minimes, et l'on poursuivait ce résultat en obsédant les pouvoirs publics dont on attendait protection et profits. On recherchait par tous les moyens, même les moins avouables, des privilèges du roi, qui, de guerre lasse, se les laissait arracher; ceux qui n'avaient pu les obtenir se dédommageaient en intriguant pour les faire transférer sur eux ou leurs amis.

C'est alors que, désireux d'apporter dans ce chaos l'ordre qui y manquait, ayant des visées coloniales élevées, et comptant de nombreux amis parmi les grands marchands de son époque, Richelieu fonda les compagnies de colonisation des Antilles et du Canada. La première seule prospéra, mais celle du Canada eut le mérite de nous conserver une contrée sur laquelle l'Angleterre avait dès cette époque jeté son dévolu.

Ce grand politique faisait déjà ressortir les défauts inhérents à notre race quand il disait dans son testament politique :

« Les Français n'ont pas de goût pour les affaires à longue portée; ils ne savent pas attendre, et, d'autre part, ils mettent toute leur vivacité à pourvoir leurs enfants d'offices. »

Ne dirait-on pas ce mot inspiré par le spectacle des faits et des mœurs actuelles? Ce qui démontre bien que si nous ne rectifions pas nos défauts en matière coloniale, il est permis de redouter pour nos possessions actuelles le sort qu'ont subi nos anciennes colonies.

Cependant cette belle ardeur du XVIIe siècle pour les aventures lointaines ne s'est pas traduite par une émigration considérable. Hormis, peut-être, aux Antilles, le mouvement a toujours été assez lent et l'activité commerciale peu développée. C'est que, en dépit des guerres auxquelles la France était livrée, l'agriculture, le commerce, l'industrie s'y développaient; dès lors la prospérité des affaires de chacun ne poussait pas précisément la population à courir des aventures lointaines. Néanmoins, il s'est toujours trouvé chez nous, aussi bien que chez les peuples réputés les plus colonisateurs de l'Europe, des particuliers pour aller spontanément vers des régions nouvelles.

C'est ainsi que se fondèrent nos colonies du Sénégal, de Cayenne et plusieurs de nos Antilles. Leur existence fut assurée et développée par l'habile politique de Richelieu, qui, en constituant d'importantes compagnies pourvues de chartes étendues, se garda bien de trop les enserrer dans les lisières administratives. Il les laissa avec leur caractère propre d'associations de commerce et aussi de colonisation dans le sens politique du mot, leur accordant l'appui des pouvoirs publics, leur imposant l'obligation de pourvoir à leurs besoins par leurs propres ressources, mais prenant une série de mesures efficaces leur amenant des concours. Ainsi, il poussait la noblesse à s'y engager; il octroyait des privilèges à ceux qui émigraient même temporairement; il assurait le rang de maîtres, à leur retour, aux artisans qui allaient durant un certain nombre d'années exercer leur métier aux colonies.

Sous Louis XIV, ce fut la même ligne de conduite; elle ne varia point malgré la lutte ouverte contre la Hollande, contre l'Angleterre, contre l'Espagne, lutte qui apparaît clairement dominée par une compétition coloniale. La prédilection de l'État ne cessa de se manifester pour les colonies de peuplement d'Amérique; toutes les entreprises ayant pour but leur extension et leur développement étaient encouragées et soutenues.

En même temps le champ d'action s'élargissait : la Guyane, le Sénégal, la Guinée, Madagascar, Bourbon, l'île de France, Siam entraient dans notre empire colonial. Nos possessions étaient telles que, même après le désastreux traité d'Utrecht, la France était encore au premier rang des puissances coloniales.

Colbert avait été le grand artisan de cette belle œuvre, qui fut poursuivie avec le même zèle par Seignelay. Louvois, qui se trouva aux prises avec de grosses difficultés continentales, ne put accentuer l'essor de nos colonies; mais il en entretint la prospérité par d'utiles mesures administratives.

Sous la direction de ces hommes éclairés, la France possédait à la fois des colonies de peuplement et de culture administrées directement, véritables extensions de la métropole, et des colonies d'exploitation commerciale réservées aux compagnies. Le Canada, Bourbon, la Guyane, le Sénégal, que l'on croyait également propres à l'habitat des Européens, relevaient directement de la couronne, tandis que les autres colonies faisaient partie de l'autre catégorie.

La France était en excellente situation en Amérique, aux Antilles, aux Indes orientales, en Afrique, lorsque s'ouvrit, vers 1715, contre l'Angleterre la lutte maritime qui a duré jusqu'à la chute de Napoléon.

En dépit de ses succès sur l'Espagne et la Hollande, l'Angleterre n'aurait sans doute pas triomphé de la France si elle avait combattu à armes loyales; elle avait déjà inauguré cette politique de diversion qui lui a toujours si bien réussi, et qui consiste à créer à ses adversaires de continuelles difficultés avec leurs voisins, alors qu'elle-même était presque sans attaches continentales.

Si nous ne pouvons nous étonner de voir la Grande-Bretagne

continuer cette politique devenue traditionnelle, nous devons tout au moins en tirer un enseignement salutaire.

Quoi qu'il en soit, au moment où la France les perdit, ses colonies étaient prospères. Les Antilles comptaient de nombreux colons établis à demeure, ayant fait souche durable et entretenant avec la métropole un fructueux et important commerce. L'Inde, si féconde aujourd'hui, était déjà pourvue du mode de conquête et de mise en valeur adopté depuis par la Grande-Bretagne.

Si Louis XV peut être accusé d'indifférence pour la France coloniale, si Louis XVI ne montra pas à cet égard l'intelligence et l'esprit de suite nécessaires, du moins ces deux souverains laissèrent-ils agir leurs ministres : Dubois, Fleury, Turgot, de Choiseul, de Vergennes, firent de louables efforts pour étendre nos colonies ou pour réparer les désastres de la défaite. Il y eut, dans cette période, impuissance véritable et erreur de science plus que manque de bonne volonté.

Toutefois, ainsi que le fait judicieusement remarquer M. Marcel Dubois, une influence néfaste fut exercée en France, avant la Révolution, par l'esprit de discussion et de théories. Il a tué pour jusqu'à nos jours le vieux sens pratique de la race, engendré des dissidences, des défections dont a profité notre rivale maritime. Nous voulons parler des nombreuses publications entachées de sensiblerie et de philosophisme, ainsi que des publications encyclopédiques et autres, inspirées par un faux esprit scientifique. Ces dernières ont été les plus dangereuses, parce que, à l'intérêt et au patriotisme qui animaient les entreprises lointaines, elles ont substitué la discussion qui primait les faits, amené l'inertie, la défiance de soi, l'admiration d'autrui sur parole et un pessimisme général.

Pendant sa première période, la Révolution suivit assez exactement la politique coloniale de la royauté; mais les difficultés intérieures et extérieures dominèrent la situation au point d'amener en fait l'abandon de nos possessions. Livrées à elles-mêmes, elles firent tout pour se défendre contre l'Angleterre et rester françaises, ce qui prouve la solidité des liens les unissant à la mère patrie, liens créés par l'émigration et l'égalité politique.

Napoléon était convaincu que les colonies sont indispensables à la prospérité d'une nation, et, maître à son tour des destinées de la France, il essaya jusqu'à son couronnement de reconstituer notre empire colonial. Il acquit la Louisiane espagnole, avec l'espoir de nous ménager l'entière propriété du golfe du Mexique ; il rétablit le « pacte colonial » dont s'étaient si bien trouvées nos vieilles colonies sous la monarchie ; il put encore obtenir, au traité d'Amiens, la restitution de toutes les conquêtes faites par les Anglais.

Toutefois, en 1804, commença une vraie liquidation pendant laquelle tous nos domaines d'outre-mer furent enlevés, si bien qu'en 1814 notre empire colonial était encore moins considérable qu'en 1783, après le traité de Paris.

Vint le traité de Vienne, qui fut suivi chez nous d'une période d'indifférence et de découragement si marqués que l'on ne reprit même pas immédiatement possession des domaines rendus. Depuis, par les actes de la Restauration, de la monarchie de Juillet et du second Empire, nous avions reconquis un rang honorable parmi les puissances coloniales. La troisième République, à son tour, a repris avec ardeur les entreprises extérieures. Ce ne fut ni sans opposition dans le public, ni sans hésitation de la part de ses gouvernants. Mais l'heure marquée par la Providence avait sonné, aucun obstacle n'a pu empêcher le mouvement de s'accomplir : entraînée par les changements profonds opérés dans le partage de l'Asie et de l'Afrique, la France s'est enfin lancée dans l'expansion coloniale avec une ardeur que rien ne peut désormais comprimer.

POURQUOI NOUS MANQUONS DE COLONS

Si l'on veut que cet essor heureux ne se transforme point, comme ceux des temps passés, en une déception nationale ; si l'on tient à ce que la France recueille le fruit de ses travaux ; si l'on a le souci de ne plus laisser faire par d'autres la moisson du champ que nous avons ensemencé, il faut avant tout éviter les fautes d'autrefois.

Pour cela, peu de chose est nécessaire; du moins, il est facile de nous prémunir contre leur retour.

Nous devons tout d'abord réagir contre l'esprit de dénigrement beaucoup trop répandu, trop encouragé chez nous, qui nous représente comme incapables de coloniser; il faut ensuite jeter sur le passé un coup d'œil nous prouvant que nous pouvons refaire ce que nos pères ont accompli; il faut encore envisager comme un enseignement encourageant la situation actuelle de nos nationaux au dehors; il faut enfin apporter à nos entreprises un esprit de suite qui leur a trop manqué.

Nous avons vu ce que notre colonisation était jadis; nous ne reviendrons donc pas sur notre prétendue incapacité coloniale.

Si, malgré le grand nombre de nos nationaux répandus à l'étranger, nous constatons de très faibles effectifs dans nos colonies, c'est évidemment qu'il se rencontre là un ensemble de conditions qui en éloigne nos émigrants au lieu de les y attirer.

On pourrait demander comment il se fait qu'avec nos aptitudes incontestables à la colonisation, après nous être montrés les premiers conquérants pacifiques, nous ayons perdu ce talent précieux?

Ce n'est pas la faute de la race, et notre impuissance récente n'est pas radicale. Elle étonne d'autant plus que si, d'une part, le Français est servi dans l'œuvre colonisatrice par ses qualités propres, il est, d'autre part, poussé à cette œuvre par son tempérament aventureux et frondeur.

Pourquoi donc ces qualités primitives de la race et ces tendances foncières de l'individu ont-elles de nos jours de si minces résultats? C'est que notre éducation, en général, et surtout celle du foyer familial, comprime et brise ces qualités et ces tendances. La sollicitude maternelle, si tendre pour l'enfant qu'elle ne se sent pas le courage d'envisager son éloignement, a pour effet inévitable de déprimer la volonté alors que l'expansion française réclame avant tout des hommes de volonté, d'initiative, d'activité.

Ce qu'il faut surtout pour cette œuvre éminemment nationale, ce sont des volontés entraînées dès l'enfance à ne vouloir que par elles-mêmes, à se faire libres jusque dans l'obéissance, avides d'œuvre personnelle, anxieuses de montrer ce qu'elles peuvent, servies par un organisme de même trempe qu'elles mis au service d'un esprit judicieux et froid. Avec quelques générations de cette sorte, nos colonies se peupleraient vite; on ne songerait plus alors à nous reprocher une décadence qui est une insulte imméritée à notre race et à notre passé.

Nous émigrons moins que jadis, par suite de diverses circonstances qui s'ajoutent à celle de l'éducation. Nos colonies sont en majorité maintenant des terres de climat tropical, maritime ou continental, qui se prêtent peu à l'habitat pour les blancs et qui renferment en indigènes les ressources nécessaires pour leur mise en valeur. Il y manque les conditions de liberté, l'abolition d'entraves administratives dont l'absence est une des causes auxquelles les colonies concurrentes doivent leur prospérité, enfin la facilité de groupement qui caractérise les centres français à l'étranger.

Parmi les causes générales du peu d'activité de l'émigration française il faut relever le manque de natalité, c'est-à-dire le peu d'excédent des naissances sur les décès; nous manquons du surcroît de population qui pousse hors de leurs frontières les peuples nombreux. Depuis un siècle, notre histoire nationale s'est écrite au moyen du sang: la première République et le premier Empire ont pratiqué de formidables saignées d'hommes qui ont décimé la race; la conquête de l'Algérie, les guerres du second Empire ont entretenu ces fuites par lesquelles s'écoulait le meilleur de notre sang; à son tour, la guerre franco-allemande a couché en terre, en l'espace de six mois, plus de deux cent mille vigoureux jeunes gens; les entreprises militaires coloniales des vingt-cinq dernières années ont continué ces funestes prélèvements sur la population.

Nos institutions sociales et, chose autrement grave, nos mœurs poussent à la limitation des familles. Ce désordre moral, plus pernicieux à lui seul que toutes les autres causes, arrête dans sa source même l'expansion extérieure de notre patrie.

Si regrettable que cela soit, nous ne pouvons rien contre les effets de nos institutions sociales. Sans prétendre revenir à l'ancien état de choses, on ne peut méconnaître l'effet heureux que produisait l'existence du droit d'aînesse sur l'initiative des individus. Les cadets de famille étaient, il est vrai, voués à la pauvreté;

mais, par suite, ils se lançaient plus volontiers dans la vie d'aventures. Grâce à l'égalité des partages de la fortune paternelle, nos fils attendent maintenant patiemment dans des situations placides et modestes leur part d'héritage et s'engourdissent dans la médiocrité.

Tout autre est la situation en Angleterre, où subsiste le droit d'aînesse. Les cadets sans héritage, au dedans et au dehors, font la force de la nation anglaise, parce que, obligés de se tirer d'affaire par eux-mêmes, ils ont, à un moment donné, l'activité et l'esprit d'entreprise entretenus et développés par une éducation appropriée, activité et esprit d'entreprise qui manquent à la race française depuis qu'elle se compose d'un nombre infiniment grand de propriétaires infiniment petits.

Considération bien digne de toute notre attention, la natalité française baisse particulièrement dans les classes aisées, c'est-à-dire dans celles qui devraient précisément le plus contribuer à son relèvement.

Aussi faut-il retenir le dur avertissement qui nous parvenait récemment du parlement allemand, par un orateur s'opposant à l'aggravation des charges militaires de son pays. Le gouvernement faisait ressortir les efforts parallèles de la France pour ne point se laisser dépasser l'Allemagne. Et l'orateur réduisait à néant l'argumentation officielle, en disant :

« L'abaissement de la natalité des Français équivaut chaque jour, pour eux, à la perte d'une bataille; elle dispensera bientôt les ennemis de la France d'avoir à compter avec elle. »

C'était traduire, conformément à la brutalité germanique, l'incontestable vérité qu'un peuple ne reste grand qu'en créant des générations assez nombreuses pour occuper le sol et le défendre contre l'invasion guerrière ou pacifique de ses voisins.

A ces obstacles de colonisation, il faut ajouter encore les obligations du service militaire telles qu'elles sont imposées à notre jeunesse. L'engouement de nos législateurs pour les gros bataillons, par imitation de l'Allemagne, par entraînement et contrairement à l'avis des vrais hommes de guerre, a produit la loi militaire actuelle qui constitue l'une des mesures les plus dangereuses pour notre avenir colonial.

Les jeunes gens fixés aux colonies doivent faire un an dans les corps stationnés outre-mer; ceux qui ont leurs intérêts en Algérie, dans nos colonies des Antilles ou en Guyane, doivent venir *en France* faire trois années de service militaire. C'est détourner manifestement de ces colonies la jeunesse de notre pays. Ceux qui en auraient le désir ne peuvent se lancer jeunes dans la carrière coloniale parce qu'il devient inutile et ruineux d'aborder des entreprises qu'ils doivent abandonner dans leur essor. Quand ils se sont acquittés envers le pays, il est trop tard pour entrer utilement dans une carrière telle que la colonisation commerciale qui exige plusieurs années de préparation. Quelques privilégiés de la fortune peuvent seuls supporter l'interruption ruineuse imposée par les obligations militaires.

En vain a-t-on essayé de faire reviser la loi dans un sens favorable à notre expansion coloniale. On a fait valoir, avec juste raison, que si l'on jugeait avantageux pour le bien du pays d'accorder à certaines marchandises des primes d'exportation, à plus forte raison devait-on encourager l'exportation humaine dirigée sur nos possessions extérieures; le souci d'une fausse égalité l'a emporté sur l'intelligence des vrais intérêts du pays.

La conséquence est que le peu d'émigrants venus de France se dirigent vers les pays où ils sont affranchis de toute charge militaire. La même considération, d'ailleurs, guide la masse des émigrants allemands, qui fuient leurs colonies où ils retrouveraient les mêmes obligations que dans la mère patrie. C'est là l'unique explication de l'afflux germanique vers l'Amérique.

Nous remarquons le même exode plus restreint dans nos départements pyrénéens, où la race basque et béarnaise, indépendante, réfractaire à tout frein, se dirige de préférence vers la Plata. Leur esprit d'indépendance est d'ailleurs en règle avec la loi, puisque celle-ci affranchit du service militaire les jeunes gens établis *à l'étranger,* hors d'Europe, et y occupant une situation régulière, s'ils ne rentrent pas avant l'âge de trente ans. Nos émigrants, par un effet singulier de cette loi, ont donc intérêt, au point de vue militaire, à fuir nos colonies et à se fixer de préférence dans un pays étranger.

Il résulte de cet état de choses que nos émigrants pyrénéens ont fini par former dans *les Amériques,* — suivant leur langage, — des groupements de nationaux vers lesquels ils se sentent attirés, parce qu'ils y trouvent un appui, une solidarité, des avantages que ne leur offrent à aucun degré nos colonies nationales.

Aux inconvénients de notre éducation, de notre organisation sociale, de nos lois militaires, vient se joindre la fièvre du fonctionnarisme, une de nos plaies les plus invétérées.

Être fonctionnaire, c'est-à-dire éprouver la gloriole de détenir une part minuscule de l'autorité publique, immobiliser son existence dans une somnolente placidité, s'épargner les fatigues et aussi les âpres jouissances de la lutte; puis demander à l'État, pour ses vieux jours, le pain qu'on ne s'est pas senti le courage de conquérir, tel est l'idéal d'une immense quantité de nos concitoyens. Et, comme le nombre des quémandeurs va toujours grossissant, que leur ambition trouve satisfaction bien plus à cause de leurs appuis que de leurs capacités, que les faveurs gouvernementales sont habituellement le prix de concours politiques dont nos gouvernants ont besoin, il résulte que l'armée des solliciteurs grossit sans cesse et que, pour donner satisfaction aux influences employées, on est conduit à multiplier les fonctionnaires, même les plus inutiles.

Au lieu de se débarrasser purement et simplement des indignes et des incapables, on en forme, — plus exactement, on en a formé, — un corps administratif pour les colonies. Toutes ces non-valeurs ont été jugées bonnes pour le service colonial, où elles ont été expédiées, où elles encombrent des postes dans lesquels il faudrait, au contraire, des sujets d'élite. Quand le mal a été reconnu, il était trop tard pour y remédier efficacement. Il faut attendre que l'âge, le dégoût, la maladie, la mort rendent vacants des postes dans lesquels les titulaires indignes ou incapables ont eu le temps de faire sentir leur action nuisible.

Non contente d'amortir les énergies en peuplant la France et ses colonies de fonctionnaires, l'administration entrave par ses prescriptions tracassières et tatillonnes ceux que leur courage pousse à surmonter toutes les difficultés de la colonisation. Là où il faudrait laisser les initiatives se faire jour, elle coupe tout élan, elle accable les colons sous les prescriptions de règlements touffus à peine supportables dans la métropole, ridicules et funestes dans des pays encore livrés à la vie sauvage.

Le résultat du fonctionnarisme à outrance est de condamner la nation à l'immobilité, d'agir comme un stupéfiant qui annihile en nous ce qu'il peut y avoir de spontané et d'aventureux. Au train dont vont les choses, le jour n'est pas loin où, grâce au socialisme d'État dont la tendance s'accentue de façon alarmante, on pourra dire que tous les Français sont occupés à s'administrer les uns les autres.

Il est enfin une dernière cause qui nous prive des colons dont nous avons tant besoin. Celle-là ne dépend ni des institutions, ni des hommes; elle réside dans la condition climatérique de nos colonies mêmes.

La race blanche est adaptée à un sol, à un climat variable présentant des écarts de température souvent considérables, mais qui ne dépassent point les limites que son tempérament est susceptible de supporter. Ces limites constituent, en latitude, une zone assez large qui s'éloigne beaucoup plus de l'équateur que du pôle. En d'autres termes, la race blanche supporte plus facilement les grands froids que l'extrême chaleur. Il en résulte pour elle une difficulté considérable à vivre dans les climats tropicaux, où elle se trouve en butte aux atteintes de nombreuses maladies. Le choléra, le typhus, le paludisme, la fièvre jaune, les affections bilieuses et intestinales sont les accidents auxquels les sujets de race blanche sont le plus exposés. Bien que ces maladies soient pour lui une menace constante, le blanc qui jouit d'une santé vigoureuse et qui observe soigneusement les règles d'hygiène nécessaires parvient à subsister sous les tropiques et même à y procréer; mais ses enfants sont anémiques et en quelque sorte dégénérés, incapables de faire souche. En dehors même des épidémies, la mortalité va croissant à mesure que le séjour se prolonge. C'est pourquoi, malgré les nombreuses tentatives faites dès l'époque des grandes navigations, c'est-à-dire depuis le XVIe siècle, on n'a jamais réussi, dans les contrées torrides, à donner naissance à une population blanche, saine et vigoureuse, susceptible de se suffire à elle-même et de mettre le sol en valeur par ses propres bras. Les Espagnols et les Portugais, dont les aptitudes climatériques semblent pouvoir s'adapter le mieux à la zone torride, n'ont pas davantage résisté. Les races dites blanches, implantées par eux dans les régions équatoriales, sont toutes fortement mélangées de sang nègre ou indien.

Obéissant à une loi physiologique bien connue qui leur fait rechercher les pays de soleil où, avec un climat plus agréable, ils devaient trouver une vie plus facile, les peuples septentrionaux se sont toujours portés vers le midi et ont rempli les régions où leur race était apte à vivre. Les pays à très haute température sont restés seuls vacants. D'où il suit que les entreprises coloniales tentées postérieurement se trouvèrent dirigées fatalement vers ces régions dont les richesses exceptionnelles faisaient dédaigner les dangers.

Les circonstances ayant amené la France à porter tous ses efforts vers des terres équatoriales, la plupart de ses colonies sont situées dans la dangereuse zone tropicale. On ne peut donc y coloniser à demeure; ceux qui se dirigent vers elles ne peuvent que supporter un séjour d'une durée limitée qui change absolument la physionomie de leur effort colonial.

Ce n'est pas que nous manquions absolument de possessions où l'habitat de nos nationaux soit possible et même facile. Nous possédons, en Afrique, l'Algérie, la Tunisie; quelques points sur les rivages de l'Atlantique et plusieurs territoires dans l'Océanie, où l'acclimatement n'entraîne point de conséquences fâcheuses. Et pourtant, le nombre de nos colons est loin d'y être en rapport avec les ressources offertes à la colonisation.

Cette pénurie est causée en grande partie par les agissements de l'administration, qui, au lieu d'attirer nos émigrants sur ces points, les a, jusqu'à présent, plutôt détournés qu'encouragés.

Nous avons, dans les faits suivants, une preuve indiscutable de cette atrophie causée par notre mode de gouvernement. En 1877, la Suède nous a rétrocédé, à prix d'argent, une de nos anciennes possessions des petites Antilles, l'île Saint-Barthélemy. Sous la domination suédoise, l'île était heureuse; ses habitants jouissaient d'une aisance relative grâce à l'élève du bétail, aux petites cultures et aux salines. Il a suffi de vingt ans d'administration française pour faire disparaître tous les indices de prospérité; la population se trouve maintenant dans un état de détresse qu'elle n'avait jamais connu.

Près de Saint-Barthélemy se trouve Saint-Martin, dont une moitié appartient à la France et l'autre moitié à la Hollande. La partie néerlandaise travaille et prospère, la partie française périclite tous les jours.

La même constatation pénible ressort de l'étude de notre colonie de la Guyane, qui végète et s'étiole tandis que les Guyanes anglaise et hollandaise, ses voisines, semblables par leur sol et leurs produits, sont dans un état florissant qui fait ressortir la détresse lamentable de notre colonie.

Nous verrons, un peu plus loin, que les erreurs signalées ont été reconnues et que l'on fait actuellement les plus louables efforts pour remédier à ce fâcheux état de choses.

Bientôt nous examinerons les moyens à employer pour donner à notre empire colonial la prospérité réclamée par le pays.

LA FRANCE DOIT-ELLE COLONISER?

Oui, il faut que la France colonise et colonise abondamment, malgré l'apparente opposition qui existe entre cette conclusion et la situation que nous venons de faire connaître.

Elle le doit par des considérations d'ordre général et pour des raisons d'intérêt particulier.

Pour compter dans le monde, une nation doit avoir des colons. Pour être prospère chez soi, il faut être prospère au dehors, car une intime solidarité unit les intérêts de la mère patrie et ceux de ses possessions extérieures. Aussi peut-on dire avec vérité que de l'émigration dans nos colonies et non chez les autres dépend la place future de la France sur le globe.

Durant la seconde moitié du XIXe siècle, l'Europe a été portée par un mouvement irrésistible vers des contrées nouvelles; la France a été amenée à contribuer au mouvement qui remuait tous les autres peuples et à organiser son domaine extérieur. Notre part a été large. Mais il ne suffit pas de conquérir; il faut tirer parti de ses conquêtes, afin de recouvrer les sacrifices et les frais qu'elles ont occasionnés, afin de maintenir la puissance nationale au niveau où elle a été portée, afin de profiter à l'individu dont la colonisation développe le plus heureusement les qualités.

Dans la métropole, les carrières sont difficiles, chacun fait son petit métier dans son coin; c'est une grande usine où chaque ouvrier fabrique toujours la même pièce pour une machine dont il ne voit pas l'ensemble. Cette spécialité favorise une grande valeur technique, mais elle limite les facultés de l'homme.

Au contraire, l'existence du colon recompose l'homme tout entier; au lieu de s'étioler dans ses occupations sédentaires, il devient un roi dans son domaine, grand ou petit, qu'il doit faire fructifier, diriger, gouverner.

Il est donc sérieusement patriotique de porter vers son pays des dons et des résultats si précieux. On en peut juger par le spectacle de l'expansion allemande, si intense, si considérable et néanmoins si peu profitable à la mère patrie tant que l'empire allemand n'a pas eu de colonies. Ne profitant qu'aux pays où ils abordaient, les émigrants allemands ont couvert le globe de leurs masses pressées; mais leur action patriotique est restée longtemps nulle ou à peu près jusqu'au moment où, pour se déverser, ils ont pu trouver une terre allemande.

Si, comme nous l'avons vu, nos mœurs et nos habitudes, nos préjugés sociaux, ne semblent pas favorables à l'émigration, nous sommes néanmoins sollicités par un ensemble de circonstances économiques à nous répandre au dehors; la cherté de la vie, l'encombrement des carrières, l'accroissement incessant des charges fiscales, la surproduction industrielle, l'élévation du prix de la main-d'œuvre, les grèves qui entravent le travail, les progrès alarmants des doctrines collectivistes, enfin le lourd poids des lois militaires : voilà les plus efficaces motifs pour déterminer bon nombre de nos nationaux à chercher au loin un bien-être qu'ils ne trouvent plus dans leur pays.

Il nous faut des colonies pour compenser l'extrême division des héritages; il nous en faut pour offrir un débouché aux familles nombreuses et arrêter chez les autres la réduction coupable de la natalité française. Tout concourt au dehors et au dedans à nous répandre dans le monde : notre gêne, notre malaise social et les facilités de production des contrées que nous possédons.

L'exemple des autres peuples nous y convie; nous ne pouvons laisser l'Angleterre absorber tous les territoires qu'elle ambitionne, l'Allemagne prend une extension coloniale formidable, la Russie resserre chaque jour les mailles de son colossal empire. Il nous faut mettre en valeur nos possessions lointaines, sous peine de contribuer à un criminel abaissement de la France. Si nous n'opposons pas à nos concurrents d'outre-mer des bataillons compacts de colons actifs et entreprenants, nos territoires coloniaux seront successivement absorbés comme au temps jadis. Nous avons pris des colonies pour ne pas laisser entre les mains de nos rivaux des territoires avantageux, il s'agit maintenant d'en tirer tout le parti voulu.

Nos marchés se rétrécissent de jour en jour, notre commerce et notre industrie souffrent cruellement; il leur faut périr ou élargir leur zone d'action afin d'entretenir la vie des travailleurs. Le secours doit leur venir de nos colonies, en y multipliant les efforts de pénétration commerciale et industrielle. Aux produits étrangers venant concurrencier nos produits nationaux, il faut opposer ceux que nous obtenons chez nous; c'est le rôle de nos terres coloniales.

La nécessité de coloniser s'impose encore à nous par des considérations générales. Nous ne pouvons pas plus que d'autres nous soustraire à cette loi économique qui porte les peuples vers les pays riches. Malgré ce que des économistes de marque ont pu dire, ce n'est pas nuire au pays natal que de s'en éloigner pour donner aux colonies nationales sa jeunesse, son temps, son intelligence et sa vigueur. C'est là essentiellement du provignage humain; pas plus que le rejeton n'a épuisé la souche, l'essor vers la patrie d'outre-mer n'a jamais appauvri la métropole. Il établit, il maintient entre l'une et l'autre un courant d'idées et d'intérêts qui assure, au contraire, la prospérité du pays natal.

Les Français du dehors sont pour leur patrie des clients sûrs et actifs, continuant à propager au dehors son langage, ses idées, ses mœurs, le goût de ses produits et de ses modes; ils entretiennent un courant d'affaires tout à l'avantage de la patrie.

Nous n'en sommes pas, hélas! au même point que les nations européennes qui, par un excès de population ou de misère, brisent le récipient national devenu trop étroit; mais si nous continuons à nous concentrer sur nos seules terres, à nous recroqueviller en quelque sorte, nous sommes condamnés à l'anéantissement, nous serons submergés sous le flot de nos concurrents.

Nous ne devons pas perdre de vue que la colonisation prévient le paupérisme et que l'émigration est un des plus puissants remèdes à opposer à cette plaie sociale qui nous ronge chaque jour davantage.

Toutes les carrières étant désormais encombrées, nos fils trouveraient au loin des débouchés devenus rares chez eux. Aujourd'hui que les conditions économiques de l'existence sont complètement changées, leurs qualités personnelles ne peuvent suffire à leur frayer une voie dans les carrières commerciale ou industrielle, il y faut encore des moyens financiers beaucoup moins considérables dans les colonies que dans la métropole et qui constituent des placements d'un rendement auquel on ne peut plus songer en France.

La colonisation, d'ailleurs, entraîne un exode de fonds qui profite en définitive très largement au commerce et à l'industrie de la patrie par la voie forcée des échanges. Il est donc patriotique de placer ses capitaux dans des entreprises coloniales françaises, au lieu, suivant une tendance trop marquée, de les porter chez nos rivaux.

Le moyen pour nous d'échapper à une irrémédiable déchéance et de continuer notre fonction historique est donc de coloniser; il y a là pour la France une nécessité inéluctable, providentielle, qui est en même temps une certitude de grandeur et de prospérité.

LES COLONIES ET LES COLONS

LE CHOIX DES COLONIES

De ce que nous avons la réputation imméritée d'être inhabiles à la colonisation, est-ce à dire que nous éprouvions moins que les autres peuples le besoin de changer de place et de nous donner de l'air? Nullement. Mais, faute de meilleurs débouchés, notre inquiétude se tourne vers les grandes villes, vers Paris surtout. Paris! ce nom magique, qui exerce jusque dans le fond de nos provinces une irrésistible fascination; Paris, la divine ressource des désespérés, la première pensée des ambitieux! Y atteindre, c'est encore une forme d'émigration, mais assurément la plus mauvaise de toutes.

On sait pourtant bien que, dans cette grande fournaise, la concurrence est encore plus intense que partout ailleurs. Mais la production y est aussi plus active, le mouvement des capitaux plus rapide. On va à Paris comme on met à la loterie, avec l'espoir de gagner le gros lot, comme on se dirige vers les Eldorados lointains où l'on a la certitude de recueillir la fortune.

Hélas! on ne les compte plus ceux qui sont dévorés par la grande ville. Combien en a-t-on connu de ces émigrants à l'intérieur, qui s'étaient arrachés au sol natal et qui sont venus se perdre dans ce gouffre toujours ouvert!

Et pourtant nous ne manquons point d'endroits où ces désespérés et ces dévoyés pourraient utiliser avec profit leurs dernières ressources et leurs forces. En y comprenant notre récente conquête, Madagascar, la France s'étend au dehors sur 8350000 kilomètres carrés, c'est-à-dire sur une surface égale à seize fois celle de la mère patrie.

Assurément, tout n'est pas d'égale valeur dans ces immenses étendues, mais on peut évaluer à près de la moitié de cette superficie les territoires utilisables. C'est dire que l'espace ne manque pas aux activités de tout genre et que le temps est encore éloigné où les Français entreprenants verront la terre leur manquer. On peut donc choisir la région dans laquelle on songe à fonder un établissement.

Non seulement on peut, mais on doit choisir, tous les pays n'offrant ni la même constitution, ni les mêmes produits, ni le même climat, ni les mêmes chances de réussite.

Tout d'abord, il faut fuir soigneusement les colonies où règne un fonctionnarisme étroit, où les fonctionnaires pullulent. Les exemples ne sont pas rares de colonies où le plus clair de la population blanche se compose de fonctionnaires souvent inutiles; mais il leur faut justifier leur raison d'être, ils désirent se signaler par quelque action notable, et, pour les moindres choses, pour les faits les plus insignifiants, ils accablent la colonie de prescriptions ou exhument des circulaires ministérielles heureusement oubliées, leur permettant de faire acte d'importance et d'autorité. Ces accès de zèle pèsent invariablement sur le colon, parce que les fonctionnaires coloniaux savent depuis longtemps que les indigènes, — à peu près partout, — sont insensibles aux beautés administratives et qu'ils se soucient des règlements comme un poisson d'une pomme ; les nationaux sont donc les seuls à pouvoir ressentir leur action.

Un exemple ou deux suffiront pour préciser à ce sujet les bizarreries administratives.

Au Gabon et au Congo, la traite des noirs est abolie, comme, d'ailleurs, dans toutes nos possessions. Néanmoins, grâce à l'application étroite des règlements administratifs, elle y est rétablie de fait avec la connivence et le concours de nos fonctionnaires.

Nous possédons là-bas un certain nombre d'écoles où des religieuses élèvent les jeunes filles et leur apprennent à lire, à écrire, à compter, à blanchir, à repasser et à coudre. Ces jeunes filles sont très appréciées dans le pays et trouvent facilement à s'établir ou à louer leurs services. Elles sont, en outre, très recherchées par les colonies voisines qui manquent de sujets au courant des travaux d'intérieur.

Or, voici ce qui se passe. D'une part, les règlements douaniers frappent d'un droit de sortie tout travailleur indigène quittant la colonie avec un engagement pour le dehors; d'autre part, la France a pris vis-à-vis des indigènes l'engagement de respecter leur statut personnel. D'après ce dernier, le père a sur sa fille un droit absolu : il peut la marier à qui et quand bon lui semble et, moyennant restitution du prix reçu de son gendre, rompre le mariage et en faire contracter un autre. Que la fille soit catholique ou fétichiste, peu importe! le droit du père est formel.

Ceux qui sont musulmans peuvent, de leur côté, se livrer tout à leur aise à la polygamie et se monter un harem sous l'œil bienveillant de l'administration.

De la combinaison de ces deux prescriptions légales est sorti le plus abominable trafic qu'on puisse imaginer.

La colonie allemande du Cameroun recherche les élèves de nos religieuses, qui, pour la plupart, appartiennent à des familles fétichistes. Leurs talents leur assurent une amélioration de gain et un engagement à prix plus élevé. En réalité, leurs parents les vendent; et rien ne peut les arracher à cet odieux commerce. Quand elles se font inscrire au nombre des passagers quittant la colonie, elles présentent, ou mieux le père présente pour elles un contrat de travail qu'on sait parfaitement être fictif, car les pauvres enfants ne sont point destinées au travail. Et la douane est tenue d'enregistrer ce contrat mensonger sur lequel elle perçoit des droits réguliers.

Une fois la frontière franchie, rien ne protège plus l'enfant ainsi livrée : elle est une marchandise, rien autre; elle se trouve abandonnée à tous les hasards de sa nouvelle situation. Mais le père est là, ne perdant point de vue sa fille à laquelle ses talents assurent une valeure supérieure; il la marie, quoique absente, à un compatriote; et, quand l'affaire est conclue, il va chercher sa fille, paie le droit pour rupture de contrat et la livre à son gendre duquel il a reçu un prix supérieur.

Quand la fille n'est pas vendue au dehors, elle est vendue à l'intérieur. S'il se présente un gendre qui agrée au père, celui-ci donne sa fille contre une somme convenue. Un peu plus tard, si

Le lavage de la gomme au Congo. (D'après une photographie.)

la fille plaît à un autre individu et si le père trouve ses offres alléchantes, il reprend sa fille en restituant le prix de vente, puis la donne à son nouveau gendre.

En vain les intéressées se réclament-elles de leur titre de Françaises et de catholiques, l'administration, liée par la lettre des textes, laisse l'indigène vendre sa fille française et catholique ; bien plus, si la victime rompt sa servitude par la fuite, les agents sont à la disposition du père et du mari pour lui faire réintégrer le domicile conjugal.

Si l'indigène est musulman, la situation n'en est que plus atroce. Toujours par respect du statut, l'administration prête les mains aux pires infamies. Nous avons là-bas des garnisons de noirs recrutés parmi les Sénégalais, les Haouassas, les Bambaras et autres tribus guerrières. Ces soldats sont des personnages d'importance aux yeux des indigènes, et leur solde, — bien minime pourtant, — leur permet des fantaisies interdites au vulgaire. Sous le prétexte qu'ils sont musulmans, ils achètent aux indigènes plusieurs épouses, en les choisissant de préférence parmi les élèves des sœurs qui en ont fait des ménagères hors ligne. Puis, quand leur temps de séjour dans la colonie est achevé, comme ils ne peuvent ni s'en débarrasser pendant la traversée, ni les réunir à celles qu'ils ont laissées dans leurs pays, ces hommes revendent leurs femmes congolaises soit à des indigènes, soit à leurs remplaçants.

Là encore, il est inutile d'invoquer la foi et la nationalité de la victime ; la loi est là, qui rend inutiles les plaintes du sujet et les représentations de ses protecteurs. D'ailleurs, on ne mécontente pas un personnage de l'importance d'un tirailleur ; pour peu qu'il réclame, l'administration lui donne raison en vertu des textes.

Tels sont les beaux effets d'absurdes prescriptions administratives.

Il en est de même dans l'ordre matériel, ainsi que le montrera le second exemple emprunté à M. de Lanessan dans son ouvrage *la Colonisation française en Indo-Chine.*

Une circulaire de 1893 prescrivait aux gouverneurs de nos diverses colonies d'acheter en France tout ce dont elles auraient besoin, avec désignation des villes où ces achats devaient être effectués : les briques à Bordeaux et à Marseille, le porc salé au Havre, la paille et le foin ailleurs.

Si l'on avait obéi à cette circulaire ridicule, le Tonkin, dont le sol est formé de terre à brique et qui produit d'énormes quantités de riz, eût été obligé de s'approvisionner *en France* de briques et de riz.

S'il faut éviter les colonies où se passent des choses si tristes ou si ridicules, il ne convient pas davantage de s'aventurer dans une colonie quelconque avant d'en avoir étudié le climat. S'il est vrai que la colonisation implique toujours le peuplement dans une certaine mesure et que l'apport des nationaux amène toujours quelques sacrifices d'existences, il n'en demeure pas moins indiqué que ces pertes doivent être réduites au minimum, et que nous ne devons point, comme autrefois, diriger à l'aveugle nos émigrants sur des points où l'expérience démontre qu'ils n'y rencontrent pas les conditions voulues pour s'y adapter.

Cependant les fautes commises à cet égard ont servi à démontrer que, sous le rapport de l'acclimatement, notre race française était privilégiée, qu'elle résistait mieux que d'autres aux atteintes climatériques parce que notre climat de France offre les plus fines nuances à raison de ses multiples accidents de terrain et d'exposition.

Il faut donc émigrer suivant le climat qu'on est apte à supporter. Tout le secret du succès colonial est là. Nous en recueillons la preuve par la merveilleuse expansion des Anglais, qui, ayant pu choisir les terres qu'ils voulaient occuper, se sont répandus dans des pays en rapport avec le tempérament et la constitution de la race anglo-saxonne. L'Amérique du Nord, le Canada, l'Australie, le cap de Bonne-Espérance, la Nouvelle-Zélande, ont vu et voient encore affluer leurs masses pressées, parce que ces contrées leur permettent de fonder la fortune de leurs établissements sur le défrichement et la culture du sol. Partout où ils ont agi autrement, l'échec est venu, malgré leur entente des choses coloniales et la puissance de leurs moyens d'action. Il a fallu abandonner cette forme d'exploitation, faire cultiver par d'autres ces terres d'une richesse inépuisable mais mortelles, et quitter ces colonies qui se transformaient en cimetières.

Toutes les nations européennes qui ont commis la même faute ont recueilli les mêmes résultats négatifs.

La conclusion qui s'impose est donc que certaines colonies sont inhabitables pour les Européens, au contraire, que d'autres leur offrent un séjour exempt de danger. De là, une classification par laquelle on désigne sous le terme de « colonies de peuplement » celles dont le climat accueille la race blanche, et sous celui de « colonies d'exploitation » celles où l'Européen ne peut travailler lui-même.

Nos colonies de peuplement sont peu nombreuses, la majeure partie de nos possessions étant située sous la zone tropicale, ainsi que nous l'avons déjà remarqué. Nous n'avons que l'Algérie, la Tunisie, la partie centrale de Madagascar, la Nouvelle-Calédonie, les îles Loyalty et les îlots de Saint-Pierre et Miquelon, qui soient aptes à une installation permanente de Français. Le reste de nos possessions d'Afrique, de l'océan Indien, de l'Indo-Chine ou du Pacifique constitue nos « colonies d'exploitation ». Elles ne se prêtent qu'à un séjour temporaire, dont la durée varie avec l'action de leur climat et la force de résistance du colon.

Dans les premières, où le climat est à peu près celui de notre midi, nos nationaux peuvent vivre et se perpétuer; ils peuvent, en observant certaines règles d'hygiène, s'y livrer au travail de la terre. En outre, ces contrées ne sont que peu ou pas sujettes aux maladies qui déciment notre race dans l'Indo-Chine ou sur les côtes d'Afrique.

Dans les secondes, la température est trop élevée pour que l'Européen puisse aspirer à un autre rôle, dans la mise en valeur des ressources locales, qu'à celui de directeur, de contremaître, de surveillant, d'agent-directeur, d'employé de commerce. Il lui est impossible d'y remuer la glèbe ou de défricher la forêt. Mais avec des travailleurs mieux adaptés que lui aux régions torrides, il est à même d'obtenir des résultats considérables. Ces colonies-là ne peuvent être pour nous que des colonies d'exploitation et de commerce.

Dans le choix à faire du lieu d'émigration, il convient encore de discerner suivant la condition du colon. S'il se propose le travail de la terre, il ne peut songer à louer ses bras dans ces pays où la population, quoique clairsemée par rapport à l'étendue, offre une main-d'œuvre fort peu onéreuse. Quelle que soit la valeur de son travail, l'Européen ne pourra jamais atteindre au bon marché du travailleur indigène, qui coûte fort peu parce qu'il a fort peu de besoins. La mise en exploitation de nos possessions intertropicales ne peut avoir lieu qu'avec la main-d'œuvre indigène ou étrangère. De telles colonies ne peuvent donc être une terre d'abondance pour l'émigrant qui n'a que ses bras.

D'ailleurs, l'état même de l'agriculture dans certaines de ces colonies est encore trop incertain, trop vague, pour que l'on puisse se jeter les yeux fermés dans des entreprises agricoles. Les essais sérieux et suffisamment suivis pour servir de règle manquent encore. Tout y est un peu conjectural. L'Afrique, entre autres, n'est pas, comme le delta du Tonkin ou comme la France, un immense champ approprié et cultivé d'un bout à l'autre. C'est une brousse ou une forêt sans maître qui, suivant les terrains et leur qualité, ici demeure stérile, et là donne des résultats spontanés. Dans d'autres pays, on peut en être à l'*âge de l'agriculture;* mais sur toutes nos possessions, surtout le Congo et celles qui entourent le golfe de Guinée, on en est encore à l'*âge de la cueillette*. En effet, ces gommes, ce caoutchouc, qui affluent à la côte, sont des produits spontanés du sol recueillis par les indigènes, et qui, longtemps encore, ne connaîtront point d'autre forme d'exploitation des produits d'échange.

Dans les régions où des entreprises sont possibles, il faut disposer de ressources souvent considérables, qui sont le lot de quelques privilégiés ou de sociétés commerciales réunissant de puissants moyens d'action et qui peuvent étendre leurs opérations sur de vastes surfaces. Nous verrons ailleurs le parti à tirer de cette situation.

LES PROCÉDÉS DE COLONISATION

Il y a ceux du passé et ceux du présent.

Tout n'a pas été mauvais dans les agissements coloniaux de nos pères, loin de là! Ils nous ont valu des colonies immenses et riches; ils ont attiré vers la France d'outre-mer des hommes énergiques qui ont su l'agrandir et la défendre.

On ne saurait trop le répéter, parce qu'il importe de combattre cette triste mode de dénigrement, encouragée surtout par nos rivaux : nous avons été un peuple éminemment colonial.

Nous avions trouvé le mode d'expansion vraiment utile à notre pays et vraiment moral. Les maximes de légitimité et de civilisation dont d'autres nations se parent font partie de notre patrimoine national, parce que nous les avons trouvées et appliquées les premiers.

Si les méthodes employées par ces grands colonisateurs qui furent Richelieu, Colbert, Seignelay, Dupleix et autres, n'ont point fourni tous les résultats dont elles étaient susceptibles, c'est que les éléments pour les appliquer faisaient défaut comme nombre; mais le principe en était excellent puisque tous nos rivaux se sont empressés de les imiter et d'en tirer parti en les perfectionnant. C'est là qu'ils ont trouvé l'idée des compagnies à charte dont ils sont si fiers, dont ils s'attribuent la création, alors qu'elle est d'origine essentiellement française.

Les éléments, disons-nous, insuffisants comme nombre, ont nui à leur plein rendement. En effet, il faut reconnaître que le courant d'émigration vers nos possessions lointaines, hormis les Antilles, n'a jamais été rapide ; on a toujours eu peine à détacher le Français de son sol natal. Au Canada même, souvent cité comme exemple de notre expansion coloniale, ces éléments n'étaient ni aussi abondants qu'on croit, ni toujours des plus choisis.

Les encouragements que Colbert prodiguait à nos colons canadiens, les faveurs accordées aux mariages précoces et aux familles nombreuses, les peines imposées aux célibataires obstinés et aux chefs de famille ne mariant point leurs enfants de très bonne heure, ne suffirent pas toujours au développement de cette colonie.

Pour y implanter nos nationaux, il fallut parfois des procédés prêtant à la critique. Seignelay, dit-on, fut réduit, durant son ministère, à envoyer, faute de meilleurs sujets, jusqu'à des forçats et même des Turcs.

Dans le dessein de peupler la Louisiane, peut-être aussi pour nettoyer la métropole, on râflait dans les grandes villes et dans les ports tous les vagabonds, petits et grands, et on les transportait sur les rives du Mississipi, où, d'ailleurs, ils ne tardaient pas à succomber. Aux survivants, on expédiait une cargaison de filles de la Salpêtrière qui venaient, munies d'un petit trousseau, sous la conduite d'une sœur, et étaient ensuite réparties d'office ou par voie de tirage au sort entre les volontaires et les soldats de la garnison, qui leur assuraient ainsi un établissement matrimonial.

Que ces procédés ne soient un sujet ni d'étonnement, ni de scandale. A toutes les époques et chez tous les peuples, les premiers fonds de colons ont toujours été composés par les aventuriers, les éclopés de la vie, les réprouvés de l'enfer social. Et quand les bras manquaient pour la terre et les industries, que de fois on a vu les jeunes colonies étrangères faire appel, par tous les moyens possibles, amorces licites et duperies éhontées, à l'excès de population européenne!

Tous ces éléments se classaient avec le temps. Les moins résistants succombaient; les plus paresseux, qui étaient souvent les plus vigoureux, effrayés du labeur à accomplir, se faisaient rapatrier; les plus courageux restaient; à la longue, ils ont fini par prospérer, par émerger au point de vue social et par former ces sociétés nouvelles, ces peuples jeunes, aujourd'hui proposés à l'admiration de leurs contemporains.

Les premières agglomérations des États-Unis, l'Australie, n'ont-elles pas été formées avec le noyau des *convicts* ou criminels relégués par l'Angleterre sur ces terres lointaines? Nos propres colonies n'ont pas toujours été peuplées par des gens dignes de prix Monthyon.

Ce qui console et ce que l'expérience démontre, c'est qu'avec le changement de milieu se manifeste un changement de l'individu. Il n'est guère de vices du vieux monde qui, sur une terre nouvelle, ne puissent s'amender et tourner au bien. C'est parce qu'ils connaissaient cette loi morale que nos grands colonisateurs ne craignaient pas d'employer ces éléments corrompus parallèlement aux éléments sains.

Aux maigres résultats actuels de notre colonisation, les adversaires de la France opposent bruyamment les résultats obtenus dans les colonies anglaises et hollandaises. Ils oublient que les Anglais sont maîtres incontestés de l'Inde depuis plus de cent ans; qu'ils détiennent le Cap depuis à peu près autant de temps; que l'Australie, le Canada, la Nouvelle-Zélande sont entre leurs mains depuis une période variant de soixante-quinze à cent ans; que les Hollandais occupent Java depuis près de trois siècles; que les uns et les autres ont eu l'assistance du temps. Ils ne considèrent pas, ils ne veulent pas voir que la majeure partie de notre empire colonial est de formation récente : nous avons le Tonkin depuis à peu près quinze ans, la Tunisie n'a pas vingt ans, Madagascar vient enfin de nous être annexé, sa conquête n'est même pas encore complète! Quant au Soudan et au Congo, on peut dire qu'ils datent d'hier. Pourtant, il saute aux yeux de tout observateur impartial qu'on a parcouru déjà bien du chemin et qu'on aperçoit pour ces contrées ouvertes d'hier une prospérité manifeste ou latente. Il reste, il est vrai, davantage à faire. Nos territoires appellent des colons par milliers et des capitaux par millions.

Nous avons les uns et les autres.

Nous avons des colons, si l'on appelle colons des hommes disposés à émigrer.

A en juger par les statistiques officielles ne tenant compte que de ceux qui partaient par nos ports et par certains ports déterminés, leur nombre était bien peu considérable; mais on omettait ceux qu'on pourrait nommer les colons clandestins, ceux qui émigraient en silence, et ceux-là étaient le nombre : si bien qu'en rapprochant les statistiques étrangères, on s'apercevait que près de trente mille de nos compatriotes s'expatriaient annuellement, au lieu de cinq mille ou six mille que l'on déclarait; la plupart se dirigeaient sur les colonies étrangères, non sur les nôtres.

Il y a donc en France une véritable armée d'émigrants prêts à s'établir au dehors, prêts à s'établir dans nos colonies, si nos colonies sont prêtes à les recevoir.

Nos colonies sont prêtes à les recevoir, toutefois pas tous. Non que la terre y fasse défaut, mais il ne faut pas oublier leur situation intertropicale qui interdit aux Européens le travail manuel. Dans ces conditions, le Français n'y a qu'un rôle: diriger le travail de ses auxiliaires indigènes.

Ce rôle, il ne peut le remplir que s'il a d'abord des capitaux pour payer ses ouvriers et suffire aux nombreux frais de tout genre en attendant la récolte, ensuite s'il possède des connaissances lui permettant de diriger fructueusement le travail d'autrui.

Les capitaux ne manquent pas non plus. L'argent, jadis si terrifié par les entreprises coloniales, montre aujourd'hui de bonnes dispositions pour elles, à la condition de rencontrer des garanties basées sur la valeur des hommes chargés de l'employer.

Ces compétences sont rares. Toutefois, on constate un mouvement marqué d'émigration parmi les ingénieurs, les officiers, les fils de rentiers ou de professeurs, lesquels vont avec leurs capitaux se fixer aux colonies à leur compte, et, à force d'économics et de travail, y réussissent assez généralement. Ceux-là montrent des aptitudes, mais ils ne sont pas encore suffisamment pourvus pour réussir avec certitude. Ils n'ont pas les connaissances nécessaires, indispensables pour *assurer* le succès.

Que faut-il donc pour réunir cette triple condition des hommes, des capitaux, du savoir?

Il faut le concours raisonné des pouvoirs gouvernementaux et de l'initiative privée.

En parlant du concours administratif, gardons-nous bien de confondre avec la colonisation officielle abandonnée à la direction unique du gouvernement. Les échecs nombreux de ses entreprises ne sont plus à compter. L'initiative privée, qu'elle soit individuelle ou collective, est seule féconde, seule capable de donner des résultats.

En matière de colonisation rien ne déprime la volonté, ne diminue l'énergie, n'entrave le succès autant que la réglementation officielle et l'entreprise par l'État. Or, là où il faut des volontés, des énergies, l'État, par la force même des choses, ne colonise qu'avec le rebut de la société, les mécontents, les déclassés, les décavés, en un mot avec toutes les non-valeurs sociales.

Quand l'État colonise, les colons choisis par lui travaillent peu ou pas, se confient en la sollicitude administrative, finissent toujours par retomber à sa charge, puis abandonnent tout et exigent leur rapatriement. Aigris, mécontents, ruinés, ils viennent ensuite jeter le discrédit sur la colonie qu'ils devaient mettre en valeur et en détournent les gens courageux, actifs, pourvus de ressources qui, eux, réussiraient.

Ceux qui restent, par hasard, sont des gens sans ressort, sans ambition, qui quittent la campagne pour la ville, la ferme pour un métier quelconque, le travail sain et utile des champs pour un débit de boissons; des gens vivant d'expédients et d'emprunts, se mettant à la merci des juifs usuriers dont ils font bientôt les maîtres tout-puissants de la colonie.

Nous avons de tout cela un exemple frappant, que tout le monde connaît, mais qu'il n'est pas moins utile de rappeler, car, à lui seul, il montre l'incontestable vérité de notre thèse : celui de l'Algérie.

Certes, si la colonisation par l'État avait pu réussir, c'est bien en Algérie où le colon a tout à souhait, où la France a dépensé plus d'un demi-milliard pour y envoyer et y entretenir des colons, où le régime de colonisation officielle fut appliqué tout d'abord par un homme d'une volonté et d'une intelligence supérieures, le maréchal Bugeaud.

Nous pouvons nous en faire l'idée par le récit d'un vieux Parisien, témoin oculaire de toutes les phases de cette colonisation.

« Au lendemain des journées de juin 1848, alors que la misère sévissait lamentablement parmi la population parisienne, le gouvernement de la seconde République s'avisa que l'Algérie réclamait des bras pour la mettre en valeur. On offrit aux ouvriers sans travail de leur donner des concessions pour s'y établir avec leur famille. Les enrôlements se firent en foule dans les mairies, sans distinction de profession, d'âge ou de sexe. Quand il y en avait un nombre suffisant, on formait un convoi qui comptait ordinairement entre cinq cents et six cents individus.

« La voie ferrée n'existant pas encore, étant du moins fort restreinte, on dirigeait les émigrants sur Marseille, par la voie d'eau, c'est-à-dire qu'ils remontaient la Seine jusqu'à Montereau, s'engageaient dans le canal de Bourgogne, puis descendaient la Saône et le Rhône jusqu'à Avignon, d'où le chemin de fer les menait à Marseille.

« Chaque dimanche, écrit le narrateur, on mettait en marche un convoi, et ceux qui en ont été les témoins n'oublieront jamais le spectacle pittoresque et poignant qu'il présentait.

« Le long du fleuve étaient amarrés une suite de ces bateaux spéciaux qui, à cette époque, apportaient à Paris les vins alors très abondants de la Bourgogne. Les chalands habituellement à jour étaient recouverts pour la circonstance d'une légère toiture en planches; l'intérieur était aménagé de façon à présenter de chaque côté un lit de camp pouvant recevoir cinquante personnes. Un passage étroit les séparait. Au-dessus de la tête des lits, composés d'un sac rempli de paille, courait une planche comme dans les casernes. Le dessous servait aux émigrants à serrer leurs nippes et leurs vivres. A l'une des extrémités, une cuisine banale avait été aménagée. Un chemin exigu permettait aux passagers de circuler extérieurement pour prendre l'air.

« Quand l'embarquement était fait, un bateau à vapeur monté par les autorités et une fanfare prenait la remorque. Le convoi s'ébranlait aux accents de la *Marseillaise*, et la foule saluait les malheureux qui partaient. Lentement, stationnant chaque soir sur l'eau, la longue file d'embarcations cheminait. Au bout de quelques jours l'enthousiasme du départ était tombé et faisait place au découragement, au dégoût, aux disputes amenées par une révoltante promiscuité.

« Les émigrants recevaient des distributions de vivres comme les soldats et devaient, sur cet espace étroit, faire cuire leurs aliments et se livrer à toutes les besognes ménagères.

« Quand, après un voyage qui durait environ trois semaines, le convoi atteignait enfin Avignon, il était déjà décimé. Les maladies avaient eu raison de ces êtres affaiblis par les privations; une partie, incapable de résister à leur claustration étroite, abandonnait la caravane et regagnait Paris à pied, mendiant le long des routes, semant d'éclopés le chemin.

« Quand ils avaient enfin abordé la terre algérienne, les nouveaux colons étaient conduits par groupes sur les emplacements qui leur étaient destinés. On leur donnait de la terre, des instruments pour la travailler, des animaux d'étable et de labour, des semences, des vivres en attendant la prochaine récolte. On leur fournissait encore les matériaux nécessaires à la construction d'une maison et d'une étable d'après des types qu'ils devaient exécuter eux-mêmes. Jusqu'à la construction de leur future demeure ils étaient munis de tentes militaires. En un mot, ils étaient assurés du nécessaire.

« Au bout de trois ans, ajoute le même narrateur, je parcourais de nouveau l'Algérie et je voulus revoir ces centres de colonisation dont le germe avait été déposé sous mes yeux. Quel spectacle! quelle désolation! De loin en loin, une masure subsistait entourée de quelques pièces de verdure attestant sinon la réussite, du moins les efforts du propriétaire. Le reste offrait l'aspect de la ruine et de l'abandon. Les palmiers nains et les lentisques avaient repris possession du sol.

« De tous ces déshérités élevés subitement au rang de propriétaires, presque aucun ne connaissait le travail de la terre. La plupart avaient employé sans profit les avances faites en nature; les outils, les animaux, les vivres avaient été dilapidés, remis au cantinier en paiement des consommations ou vendus pour boire. Jusqu'aux ferrures des bâtiments, aux portes et aux fenêtres, cédées aux Arabes du voisinage, tout avait disparu; et l'on voyait chaque jour les indigènes venir enlever ce qu'ils pouvaient de matériaux de ces ruines navrantes.

« Ni les sévérités de la discipline militaire sous laquelle on les tint quelque temps, ni leur intérêt, ni l'amour des leurs n'avaient pu donner à ces illusionnés le courage et la force de persévérer pour réussir. »

Le système, tenté de nouveau, n'a pas réussi davantage; c'est donc qu'il est mauvais.

Dans un pays voisin, au contraire, qui nous appartient depuis peu, en Tunisie, dont le sol n'est pas meilleur que celui de l'Algérie, qui est habité par une race analogue, le succès de la colonisation est complet. Pour banal qu'il soit, le parallèle n'en est pas moins instructif.

Avec deux systèmes de colonisation différents, l'intervention officielle et la liberté de l'initiative privée, nous avons misérablement échoué en Algérie après soixante ans d'efforts et cinq cent millions de dépenses, tandis que nous avons admirablement réussi en Tunisie après quinze ans de travail et de modiques avances financières.

Les deux systèmes sont donc jugés et d'autant mieux jugés que l'expérience s'est renouvelée ailleurs.

S'il est mauvais que le gouvernement se fasse entrepreneur de colonisation, il est par contre excellent qu'il favorise de toutes ses forces ceux qui s'y adonnent.

Un des moyens les plus efficaces est la suppression des concessions gratuites dont l'inconvénient est d'attirer l'émigrant besogneux, lequel ne peut être un bon colon.

Le bon colon, c'est celui qui arrive avec un capital suffisant, la connaissance de la culture, qui s'attache à sa terre, qui a le souci constant de conserver et d'augmenter le capital lui appartenant en propre. L'homme qui travaille avec son argent apporte dans son labeur une passion et, si l'on peut ainsi dire, une conviction absentes chez le concessionnaire. Que sa terre lui soit vendue aux meilleures conditions, soit au comptant, soit par annuités, que l'État l'exonère de toutes charges, qu'il lui fasse même remise de quelques termes, qu'il l'indemnise des pertes dues aux sinistres atmosphériques, mais qu'elle ne lui soit pas donnée.

Ces facilités doivent être réservées à des colons de choix, c'est-à-dire à des colons réunissant les meilleures chances de réussite par leurs capacités, leurs ressources et leur caractère.

Les capacités morales et physiques, ainsi que le caractère, doivent être d'autant plus marqués que les ressources sont plus restreintes et se rapprochent davantage du minimum strictement imposé aux nouveaux arrivants. Si le capital à sa disposition est faible, il faut que le colon soit cultivateur de profession, qu'il ait l'habitude du travail de la terre. Alors même qu'il posséderait un capital plus considérable, il lui faudrait savoir un peu de tout, pouvoir, suivant une expression familière, « mettre la main à la pâte » en cas de besoin ; or cette nécessité se présente souvent dans la vie de colon, surtout au commencement.

On est loin d'avoir à sa disposition des ouvriers ou des serviteurs. Même quand on en a, il faut savoir se passer de leurs services, qui coûtent parfois fort cher. Le colon doit être à même de couper un arbre, de le débiter en planches, de construire une clôture, de bâtir une case avec les matériaux qu'il a sous la main, de faire son pain, etc.

A ceux qui veulent partir, et qui ne sont point du métier, de bien examiner quelles facultés d'endurance ils possèdent et quelle aptitude ils ont pour la vie à laquelle ils aspirent. S'ils ont des chances ou des incertitudes, qu'ils imitent l'exemple de ce colon voulant partir pour la Nouvelle-Calédonie.

N'étant pas habitué aux travaux des champs, il a voulu se rendre compte de sa capacité à les supporter; dans ce but, il a passé dans une ferme les quatre mois de l'année les plus chargés de travaux agricoles. Au bout de ce temps, satisfait de son endurance, il a donné suite à ses projets. Ajoutons qu'il a réussi, l'expérience poursuivie par lui étant aussi un indice du raisonnement et de la volonté nécessaires également à tout aspirant colon.

LE DEVOIR ENVERS LES COLONIES

Mais, s'il ne doit pas se faire entrepreneur de colonisation, le gouvernement n'en a pas moins le devoir étroit de favoriser par tous les moyens la mise en valeur de notre empire colonial.

Tout d'abord, il est nécessaire de faire un choix judicieux de ces moyens en les adaptant aux populations, au sol, au climat, pour les rendre rapidement productifs; la bonne méthode une fois choisie, il faut s'y maintenir avec fermeté.

Au dire de tous les hommes d'expérience, le premier souci de l'administration doit être de favoriser l'agriculture des indigènes. La prospérité de leurs cultures est la porte par laquelle passera la prospérité commerciale de la métropole.

Les débuts économiques d'un pays de quelque étendue reposent avant tout sur son agriculture. C'est l'opinion des hommes les plus autorisés; ceux qui ont la longue pratique et le jugement des affaires coloniales n'hésitent pas à proclamer cette thèse :

« Que, dans les pays neufs, même dans ceux que leurs richesses en or signalent à l'attention publique, il faut tenir en peu d'estime les mines de métaux précieux, parce que l'appât de la loterie qu'elle présente détourne les colons des longs et patients travaux de l'agriculture sur laquelle repose la prospérité réelle. »

Avant de prétendre vendre nos produits aux indigènes, il faut leur donner le moyen de les acheter. Le seul pratique et efficace consiste à leur apprendre à tirer parti des richesses de leur sol, à développer l'agriculture, à améliorer les cultures indigènes, à acclimater les cultures étrangères. Alors l'aisance pénétrera peu à peu dans la colonie; l'indigène nourrira les siens, étendra son domaine, paiera l'impôt et aura encore du disponible pour alimenter le commerce métropolitain.

L'agriculture sera vainement encouragée si elle manque de voies de transport pour écouler ses produits. C'est une vérité aussi essentielle au loin que dans la mère patrie. Or, nos colonies manquent surtout de moyens de transport; ni routes, ni chemins de fer, ou si peu qu'on se demande comment on a pu se résoudre à attendre si longtemps avant de se mettre à l'œuvre poursuivie enfin avec une louable ardeur.

Pour coloniser, disait lord Palmerston, il faut trois choses : 1o des chemins; 2o encore des chemins; 3o encore plus de chemins.

C'est parce qu'ils l'ont compris, que les Américains ont rapidement couvert les États-Unis de leur immense réseau ferré et réuni les rivages de leurs océans lointains. A notre époque, le rail est, peut-on dire, le grand agent de colonisation. Grâce à lui les solitudes glacées du Canada ont été occupées et se peuplent; les Russes lui doivent la pénétration du Turkestan et la mise en valeur de leur lointaine Sibérie. Les Belges n'ont pu commencer l'exploitation de leur colossale colonie du Congo qu'après avoir ouvert la ligne les reliant à l'Océan; l'Afrique du Sud est tombée tout entière sous la main des Anglais grâce à la ligne ferrée poursuivie à travers les solitudes de la Rhodésia; l'Égypte lui doit son asservissement et la perte de ses provinces soudaniennes. Quand, à notre tour, lui devrons-nous le développement de notre Sénégal et de notre Soudan? Quand pourrons-nous drainer utilement vers la mer les innombrables produits de nos riches provinces congolaises, tirer de la Cochinchine et du Tonkin ce que nous avons droit d'en espérer?

On commence à s'y mettre; des études sont faites et des plans arrêtés, l'exécution est en marche sur quelques points. Au Soudan, en Guinée, vers le Gabon, en Algérie, au Tonkin, en Cochinchine, des tronçons de chemins de fer s'achèvent ou se commencent; nous verrons même bientôt sur le fleuve Rouge une ligne de touage électrique.

Tout permet d'espérer que d'ici peu d'années notre empire colonial possédera enfin l'outillage vicinal dont il a tant besoin.

Quand le gouvernement a préparé les voies, il doit ensuite attirer l'émigrant, non par des promesses fallacieuses et par des tableaux mensongers, ainsi que cela s'est longtemps pratiqué et se pratique encore dans certains pays de l'autre côté de l'Océan, mais par une propagande active, précise, donnant sur nos diverses colonies des renseignements exacts, complets, pratiques, minutieux. Il faudrait répandre à profusion des notices explicatives des situations à prendre, des points à occuper, des terres disponibles par concession ou par vente. On devrait imiter à cet égard, avec l'exactitude en plus, les puissances qui cherchent à attirer les émigrants.

Le succès des colonies anglaises réside surtout dans les soins apportés pour susciter, guider et assister l'émigration. On ne se borne pas à envoyer le premier venu; on le choisit d'après ses aptitudes, on lui facilite le moment toujours si difficile du départ et la période plus pénible encore de la traversée, qui lui est rendue aussi confortable que possible. A son arrivée, on le reçoit, on le dirige, on le patronne; il ne débarque pas en un pays inconnu, au milieu d'étrangers ou de gens hostiles. Des comités, des institutions sont organisés en vue de ces fonctions d'assistance. Il faut imiter cela.

Hâtons-nous d'ajouter qu'on s'y efforce, que des organisations de ce genre fonctionnent déjà et font le plus grand bien à nos colons français.

Nous ne demandons pas qu'on aille jusqu'où allaient, à leur début, certaines colonies d'Australie qui payaient des primes à tout colon débarquant chez elles; mais il serait de bonne politique et de sage administration de multiplier les centres de renseignements. Il ne suffit pas que notre ministère des colonies ait créé, à l'imitation de ce qui existe en Angleterre, un Office colonial où sont accueillis et renseignés tous ceux qui aspirent à coloniser; il serait utile et profitable de répandre sur plusieurs points du territoire des agences de cette institution pour guider et éclairer ceux qui ne sont pas à Paris ou qui ne peuvent s'y rendre.

Ces mesures sont nécessaires et utiles pour attirer l'attention sur la colonisation et provoquer l'exode de ceux qui sont aptes; mais elles ne suffisent pas. Il est indispensable que, par une bonne administration, par des procédés intelligents et humains, les populations autochtones soient préparées au contact des blancs et que ceux-ci connaissent exactement les ressources de la contrée dans laquelle ils se rendent.

Nous devons ne point retomber dans les errements de notre mauvaise époque coloniale et éviter la faute considérable des

Anglais, ne point prétendre plier quand même l'indigène à nos mœurs, lois et coutumes.

L'indigène étant un être primitif, inculte et défiant qui, le plus souvent, redoute nos innovations, même les plus opportunes, est hors d'état de les apprécier ou d'en tirer parti. De son côté, le colon n'a pas trouvé dans la mère patrie de chances suffisantes de fortune; s'il va au loin pour recommencer sa vie, ce n'est pas pour retrouver au delà des mers les mêmes entraves administratives, le même excès de réglementation et de fiscalité. Par conséquent, on ne peut appliquer aux colonies les procédés d'Europe; il leur faut des lois, des règlements, des fonctionnaires adaptés à l'esprit rudimentaire des indigènes et à l'esprit d'indépendance qui caractérise généralement les colons.

Pour y attirer ces derniers, on doit pouvoir les fixer exactement sur les avantages et les ressources offerts par la région. C'est le résultat qu'obtiendrait, dès la prise de possession, une sorte d'inventaire dressé par des hommes compétents étudiant la contrée, relevant la topographie, traçant des routes, analysant les terrains, fixant les cultures les plus convenables, établissant en un mot une base solide pour les entreprises futures et épargnant aux colons généralement peu fortunés des expériences ruineuses.

Sur des terres ainsi connues peuvent alors venir utilement les compagnies de colonisation, seul instrument efficace pour ébaucher l'exploitation des pays neufs et inorganisés. C'est aussi la plus ancienne forme de mise en valeur, celle à laquelle se sont ralliés tous les peuples colonisateurs.

Le système est simple : l'État délègue pour un temps déterminé des pouvoirs étendus, quasi régaliens, sur de vastes espaces, à une compagnie qui, en échange du droit exclusif d'exploitation, a la charge de la mise en valeur du domaine concédé. Au terme de la concession, les territoires font retour à l'État pour être livrés à l'exploitation et au commerce libres.

Mais, ainsi que de tout instrument délicat, les résultats à en attendre dépendent de la main qui dirige. On en tire des profits élevés comme dans les concessions hollandaises et certaines concessions anglaises, — pas toutes ! — ou bien, c'est la ruine pour ceux qui s'y sont engagés.

Le succès ne vient que s'il y a des capitaux suffisants confiés à

Nouvelle-Calédonie. — Ile Nou. — Vue générale du pénitencier. (D'après une photographie.)

des hommes entendus. C'est, — qu'on ne l'oublie pas, — une entreprise commerciale et, conformément à notre vieux proverbe français : « Tant vaut l'homme, tant vaut la chose ! »

Ces compagnies sont un avantage à la fois pour l'État et pour la nation : pour l'État, intéressé à voir s'épanouir au loin l'influence du pays sans être lui-même engagé ni découvert financièrement ou politiquement ; pour la nation, dont les énergies individuelles trouvent un champ d'action et font surgir les capacités nécessaires ; pour la masse des colons sans capitaux qui, sur les terrains défrichés, sillonnés de routes, pourvus d'organes administratifs, peuvent venir enfin implanter leur petite industrie et la rendre fructueuse, parce que d'autres, avant eux, ont débroussaillé et accompli les travaux préliminaires indispensables interdits à leurs faibles forces.

L'impulsion en ce sens est donnée ; un mouvement bien marqué s'accentue. Le cri d'alarme poussé chez nous par l'industrie et le commerce a trouvé de l'écho, secoué les activités, réveillé les énergies, la France se tourne vers ses colonies avec courage et espoir : la conquête économique, commerciale et industrielle de nos possessions s'ouvre devant nous et recueille les concours nécessaires.

S'il convient d'organiser nos colonies pour le plus grand bien de nos colons et des indigènes, il convient davantage encore de ne plus les vouer à un avortement et à une impopularité déplorables en leur imposant une forme ruineuse de peuplement. Non seulement on doit n'envoyer sur un point donné que les sujets susceptibles d'y réussir, on doit surtout se garder de continuer le système désastreux de la transportation pénale. S'il est exact que les colonies pénitentiaires sont, à la longue, susceptibles d'améliorer leurs pensionnaires, c'est à certaines conditions que nous n'avons malheureusement jamais réunies. Le plus clair résultat que nous ayons obtenu jusqu'ici par ce système a été de détourner de nos colonies si riches de la Guyane et de la Nouvelle-Calédonie la masse des émigrants qui auraient dû y trouver la prospérité. On a voulu appliquer avec persévérance un système vicieux qui n'a profité ni aux colonies, ni aux transportés, et pas davantage à l'administration pénitentiaire dont elle a démontré l'incapacité.

Une heureuse réaction se manifeste à cet égard ; les entraves mises à la colonisation libre se desserrent peu à peu; souhaitons que nos pouvoirs publics prennent promptement la seule résolution efficace : la suppression de la transportation pénale.

Les devoirs du gouvernement à l'égard de ceux qui songent à l'émigration ne sont pas seuls; les futurs colons en ont également vis-à-vis du gouvernement qui les aide, de la colonie qui les accueille, du pays qui a les yeux sur leurs entreprises.

Le colon doit être préparé à sa nouvelle vie, nous dirons presque à ses fonctions. Son succès, les services qu'il peut rendre dépendent d'un ensemble de conditions morales, physiques et matérielles dont la réalisation n'a pas été jusqu'à présent suffisamment observée.

Et tout d'abord, l'émigration, — la colonisation, si l'on préfère, — ne doit pas être considérée comme une épreuve ou un accident de la vie, mais bien plutôt comme une carrière. Beaucoup de jeunes gens envisagent aujourd'hui l'éventualité de s'expatrier; ils doivent donc apporter encore plus de décision dans ces préoccupations. Ils doivent envisager leur établissement aux colonies comme une carrière au même titre que leur entrée à Saint-Cyr ou à l'École normale. C'est à eux qu'on peut utilement répéter ces paroles d'un colon d'expérience à un jeune parent :

« Vous aimez votre patrie, dites-vous, et pour elle vous n'hésiteriez pas à verser votre sang, à sacrifier votre fortune? Commencez donc par lui donner votre travail, l'effort de vos muscles et de votre cerveau. Donnez-lui vos sueurs, elle en a plus besoin encore que de votre sang. »

Considérant la colonisation comme sa carrière, le jeune homme l'embrassera sans l'arrière-pensée fixe de retour, cause importante d'insuccès. Quand, après les années de travail, viendra l'heure du repos et de la jouissance, il trouvera par la fixité de son établissement un groupement de compatriotes et non d'étrangers, il aura associé ses enfants à son succès après les avoir poussés dans la même voie. Il évitera ainsi ce perpétuel recommencement qui a été une des causes de l'infériorité française en matière d'exploitation coloniale.

LA PRÉPARATION DU COLON

Du moment que la colonisation est une carrière, cette carrière impose une préparation. Cette préparation exige l'assentiment et le concours des familles, car elle comporte une double éducation ouvrant l'esprit de la jeunesse aux choses des colonies, et la mettant en mesure de tenir convenablement le rôle de colon.

L'éducation de notre jeunesse française appelle en général une réforme profonde; calculée aujourd'hui pour détourner de tout ce qui est activité, elle doit, au contraire, être orientée vers les carrières commerciales, industrielles, agricoles ou coloniales qui font les nations vigoureuses.

Une fois que l'éducation générale aura incliné l'esprit de l'enfant, il conviendra de lui offrir, de mettre à sa portée une éducation spéciale préparant à la vie des colonies, à la bonne gestion des affaires coloniales, pour que ceux qui s'y portent soient préparés à leur tâche et aptes à faire de bons colons. Il importe, en un mot, de leur donner non seulement le *goût,* mais, — ce qui vaut mieux, — le *sens pratique* de la colonisation.

Nos colonies étant, avons-nous dit, situées en majeure partie sous des latitudes où le travail est interdit aux blancs, à la fois par le climat et par le bon marché de la main-d'œuvre indigène, il ne saurait être question ici que des colons aptes à prendre une part de direction dans les entreprises coloniales. C'est désigner tous ceux à qui leur naissance et la situation de fortune de leur famille assurent des ressources suffisantes pour faire œuvre utile. A eux de faire entrer les colonies dans la voie de l'exploitation méthodique, de créer la richesse, des intérêts, des emplois, et d'assurer un peu plus tard aux Français *sans capitaux* la possibilité de venir à leur tour prendre part à la récolte.

L'éducation reçue par cette classe de jeunes gens ne les prépare pas à faire leur vie ou, comme on dit, à la gagner; en outre, elle les garde trop longtemps loin de la vie et de ses réalités.

D'autres, autrement qualifiés que nous, ont entrepris de démontrer que l'éducation donnée à la jeunesse des classes aisées ne la prépare pas aux « besognes » de la vie, et lui donne une conception fausse, alors que la majeure partie des jeunes gens soumis à l'éducation actuelle est appelée à gagner son existence par le travail.

En outre, le système d'éducation secondaire, — c'est surtout de lui qu'il s'agit, — entrave trop longtemps l'essor de ceux qu'il prétend former. Les meilleures années de la jeunesse sont usées par une formation inutile, la plupart du temps ; l'âge d'homme se trouve atteint sans avoir porté le sujet à une situation convenable, assurée. Faute de débouchés pratiques, ces capacités en sont réduites à demander leur pain à des occupations qu'ils jugent indignes de leurs talents ; faute de connaissances pratiques, ces dévoyés accomplissent mal ou à contre-cœur leur besogne obscure.

Si ces jeunes gens chargés d'un bagage de connaissances inutiles avaient été pourvus d'un enseignement général et pratique, ils se seraient trouvés dès les premières années de leur jeunesse en état de se mesurer avec les exigences de la vie et de sortir victorieux de la lutte.

Sans prétendre tracer un programme, — ce qui n'est point de notre compétence, — il serait désirable de voir l'enfant, au sortir de ses études primaires, aborder en littérature française, en mathématiques, en sciences physiques et naturelles, en géographie, en histoire, en langues étrangères, un ensemble de connaissances enseignées dans un *esprit pratique.*

Pour préciser la portée de l'expression, prenons l'étude des langues étrangères. En allemand moins de Gœthe, en anglais peu de Shakespeare, mais beaucoup de conversation courante, de lectures et de rédactions sur les sujets de la vie quotidienne.

A cette éducation intellectuelle, on adjoindrait un enseignement sportif comprenant l'équitation, la natation, le canotage à l'aviron et à la voile, la marche à pied pour assouplir les membres et développer l'adresse. On compléterait cet ensemble par des notions techniques sur les métiers et professions usuels : maréchal-ferrant, menuisier, bûcheron, vétérinaire, et quelques aperçus de médecine pratique.

Tout ce bagage peu encombrant, mais substantiel, le jeune homme peut aisément l'avoir acquis à l'âge de quinze ans. Sans doute, il ne sera pas encore apte à se tirer d'affaire, mais il sera pourvu de tout le nécessaire pour choisir dans les carrières de l'agriculture, du commerce, de l'industrie, la spécialité vers laquelle il voudra s'orienter.

Il lui restera à acquérir les connaissances indispensables à cette spécialité, soit qu'il veuille commercer, soit qu'il veuille cultiver. S'il se destine à l'agriculture coloniale, il aura besoin d'étudier les cultures spéciales de la région qu'il compte exploiter. Ces études ne seront pas les mêmes pour les régions intertropicales ou pour l'Algérie et la Tunisie, parce que les produits diffèrent. Il lui faudra également acquérir une pratique indispensable au succès de ses opérations.

Jusqu'ici, cette pratique était le point le plus difficile à réaliser. A première vue, il semble aisé de faire un stage chez quelque colon expérimenté, mais la réalisation n'est pas favorable au but poursuivi. Peu d'exploitations se prêtent à un enseignement efficace sans transformer le stagiaire en agent inférieur, compromettant aux yeux des indigènes le prestige du blanc s'il se mêle à leurs travaux, risquant inutilement sa santé sous un climat dangereux.

La difficulté a été résolue assez heureusement, en ouvrant pour les agriculteurs coloniaux des écoles analogues à nos écoles supérieures d'agriculture. L'une, visant les cultures du nord de l'Afrique, fonctionne à Tunis ; les élèves y joignent la pratique à la théorie. L'autre, de création trop récente encore pour avoir fait ses preuves, a été organisée à Hanoï pour les cultures tropicales. En attendant que son fonctionnement puisse assurer le recrutement des agriculteurs tropicaux, la direction de l'agriculture a créé, dans plusieurs écoles d'agriculture de la métropole, une section coloniale spéciale où des professeurs préparés à cette tâche enseignent les éléments théoriques de l'agriculture coloniale. La formation de ces professeurs est un des principaux buts que vise le « Jardin colonial », laboratoire merveilleux comme organisation et comme direction, création récente du remarquable M. Dybowski, et sur lequel nous aurons à revenir pour en faire ressortir l'importance.

La pratique des cultures coloniales étant plus difficile que toute autre à acquérir par suite de son extrême complexité, on a jugé avec raison qu'elle serait mieux possédée en allant l'étudier sur place, à l'école des planteurs les plus renommés. A cet effet, on a institué plusieurs bourses de voyage de 5000 et 4000 francs, qui sont décernées aux élèves les mieux classés de l'enseignement théorique; elles permettent à ces jeunes gens d'aller pendant deux ans se rendre compte des meilleures méthodes pour la culture des plantes tropicales : café, thé, tabac, vanille, etc.

Quand le jeune homme ainsi outillé voudra se lancer dans la carrière coloniale, il offrira aux capitaux qui lui seront confiés toutes les garanties désirables de capacité et de réussite. Un tel résultat sera obtenu à l'âge de vingt-deux ou vingt-trois ans, à la libération du service militaire, c'est-à-dire au moment où les autres, — ceux qu'on aura maintenus sous le régime de l'enseignement actuel, — songeront à trouver l'application de capacités indéterminées.

Le commerçant colonial n'est pas moins intéressant que l'agriculteur. Il nous faut le suivre également et voir quelle orientation s'impose à lui, selon qu'il possède ou non des capitaux.

Il n'a pas de ressources? Sa voie est toute tracée. A quinze ans, au sortir de l'école, pourvu d'un ensemble de connaissances pratiques, il entrera comme jeune commis, en quelque sorte comme apprenti, dans une de ces maisons où l'on manie beaucoup de produits divers : commissionnaire ou droguiste. La raison en est simple. Aux colonies, on ne connaît guère la spécialisation des affaires; il n'y a pas un marchand d'étoffes, un marchand de bois, un marchand de fer, ou de chaussures, ou de vêtements: les magasins sont des bazars où l'on vend, à des comptoirs différents, tous les genres de marchandises. Dans un pareil magasin, l'employé qui rend le plus de services est celui qui connaît le plus d'articles.

Après deux ou trois ans passés dans une maison de ce genre, ou même successivement dans plusieurs afin d'élargir son cercle de connaissances, le jeune homme pourra se présenter utilement dans des maisons possédant des comptoirs outre-mer. Pour peu qu'il ait eu la sagesse indispensable d'utiliser ses soirées dans les cours d'adultes afin d'y développer ses connaissances en comptabilité et en langues étrangères; s'il ajoute à ces connaissances un peu de résolution et d'initiative, il est absolument certain de trouver un engagement. Après un stage de quelques mois dans la maison métropolitaine, il peut être utilement dirigé sur les colonies, où il arrivera avant l'âge de dix-neuf ans, se trouvant ainsi libéré de deux années de service militaire. Celui-ci accompli, le jeune homme retrouvera aisément sa place, que l'intérêt même de ses chefs pousse à lui conserver. Dans de telles conditions, il faudrait bien des événements défavorables ou une maison de commerce bien chancelante pour que le jeune homme dont nous parlons n'ait pas acquis en deux ou trois années une situation solide lui permettant d'envisager l'avenir avec sérénité.

Mais, supposons que notre futur négociant appartienne à une famille lui ménageant des capitaux. Tout d'abord, l'importance de ces capitaux devra varier avec la carrière et le pays à exploiter; ils devront être trois fois plus considérables pour l'Afrique occidentale que pour l'Indo-Chine ou la Nouvelle-Calédonie; en tous cas, ils ne sauraient être inférieurs à 150000 ou à 200000 francs. Il s'agit encore de savoir comment les utiliser au mieux des intérêts de leur possesseur et de leur détenteur.

Un jeune homme de cette catégorie doit, au sortir de son enseignement spécial, se présenter à l'École de commerce, qui, faute de mieux, peut seule le préparer à sa future carrière.

Nous disons faute de mieux, parce que nos écoles actuelles sont beaucoup trop théoriques et aptes surtout à favoriser les esprits brillants aux dépens des esprits solides, à développer un fonctionnarisme commercial peu désirable, et non, — ce qui serait préférable, — le goût, le flair, le génie du commerce.

Quand à l'enseignement présent on aura joint celui des matières d'intérêt colonial, telles que : la question monétaire aux colonies, celle de l'argent en Indo-Chine, comment se font les affaires aux colonies, le commerce et le troc, les comptoirs à l'intérieur et les affaires à la côte, le rôle des Européens et celui des indigènes, les *compradores* chinois et les congrégations, le rôle du capital et sa rémunération, etc.; quand ces questions pratiques auront été enseignées au jeune colonial, et enseignées surtout par des hommes qui auront eu à les appliquer, l'éducation commerciale de notre futur négociant sera solide et complète. Lui aussi, dès l'âge de vingt-deux ans, serait apte à mettre en valeur, dans une sphère plus élevée, les intérêts dont il aurait la charge.

LES OBLIGATIONS DU COLON

Le colon, avons-nous dit, a aussi des devoirs envers la colonie qui l'accueille. En allant chercher fortune pour lui, il faut encore apporter quelque assistance aux indigènes. C'est de bonne politique.

Nous ne pouvons assurément traiter les indigènes comme nos compatriotes, ni méconnaître que la plupart sont des êtres inférieurs au point de vue intellectuel, moral, matériel, et souvent réfractaires aux avances qui leur sont faites. Néanmoins, il est certain qu'on peut assez facilement les apprivoiser et même se les attacher par de bons procédés. La supériorité de l'Européen lui crée l'obligation de les assister dans leurs épreuves de santé, de leur enseigner les procédés de travail le plus à la portée de leur intelligence et de leurs ressources. Quelques petits services, de la bienveillance, un caractère facile et accommodant, tout cela peut s'accorder aisément et facilite le bon accord. Ce sont les moyens simples, mais efficaces, qui suppriment peu à peu les inimitiés, la méfiance, et rapprochent les races, au grand bénéfice des uns et des autres.

Le colon doit encore aborder la nouvelle carrière avec des ressources suffisantes, afin de ne point tomber dans le besoin, et risquer de devenir une charge pour la colonie qu'il habite. Directement ou indirectement, il faut lui fournir ces ressources et favoriser l'émigration des capitaux en même temps que celle des hommes. Chacun y peut contribuer et participer au développement de nos colonies sans quitter son foyer, sans rien changer à sa vie, à ses habitudes. Il suffit à chacun, rentier, ouvrier, employé, paysan, de placer quelque chose de son épargne dans une entreprise coloniale au lieu de le porter à l'étranger. Si tous agissaient ainsi, nous verrions affluer vers la patrie d'outre-mer le demi-milliard que, chaque année, l'épargne française confie à des concurrents, à des rivaux. Quels splendides résultats n'obtiendrait-on pas en peu d'années!

Mais aucune manière ne saurait dépasser l'assistance résultant de l'initiative privée. C'est la plus efficace, parce que c'est la plus

Madagascar. — École professionnelle de Tananarive. — Vue d'ensemble.

indépendante et celle qui peut le mieux revêtir toutes les formes nécessitées par les divers cas se présentant. Toutefois, il serait difficile de trouver, pour favoriser l'émigration de colons sérieux, une forme plus heureuse et plus pratique que celle inaugurée pendant ces dernières années par M. le comte de Castries. Il s'agit d'un père de famille qui est allé, avec ses onze enfants, s'établir comme colon en Nouvelle-Calédonie. Son protecteur et quelques-uns de ses amis ont fourni, à titre de prêt, la somme nécessaire pour réaliser ce projet d'établissement.

D'ailleurs, l'histoire de cette opération mérite d'être contée.

Un habitant de Noirmoutier, M. Lapetite, employé dans une usine de conserves alimentaires et cultivateur pendant la morte-saison, cherchait à s'établir en Nouvelle-Calédonie. Père de onze enfants, dont la plupart étaient en état de gagner leur vie, et n'ayant lui-même que quarante-trois ans, il pensait, non sans raison, que sa situation serait meilleure dans un pays neuf comme la Nouvelle-Calédonie que dans la petite île de Noirmoutier. Il s'entoura de tous les renseignements possibles et s'adressa au ministère des colonies. On lui répondit que le passage gratuit était accordé aux seules personnes pourvues d'un certain capital, et que l'administration n'avait aucun crédit permettant de fournir le capital absent. Le « Comité Dupleix », où il s'adressa également, fit savoir à M. Lapetite qu'il ne connaissait aucun emploi pouvant lui convenir. L'« Union coloniale » lui conseilla de rechercher les capitaux sans lesquels il est impossible de tenter sérieusement une entreprise de colonisation, mais lui promit toutes facilités pour constituer son équipement et gagner la Nouvelle-Calédonie. Cependant les capitaux, condition indispensable du départ, restaient toujours à trouver.

Sur ces entrefaites, M. le comte de Castries, qui avait été intéressé par le projet, — d'ailleurs très remarquablement étudié, — de cette famille, s'employa à fournir à M. Lapetite le capital dont il avait besoin. Il réunit, avec le concours de quelques amis, 10000 francs qui furent remis à M. Lapetite. Cette somme, dont le remboursement devait être effectué en dix ans, était passible d'un intérêt à 3 1/2, en stipulant toutefois que les intérêts ne seraient pas payés pendant les trois premières années; mais ce payement n'était que différé, il devait s'ajouter au remboursement du capital. Afin de garantir les prêteurs dans la mesure possible contre les aléas de l'opération, une police d'assurances fut contractée pour une durée de vingt ans par M. Lapetite. Moyennant une prime annuelle, dont le montant joint aux intérêts constitue un prêt à moins de 10 pour cent, alors que le taux d'outre-mer n'est pas inférieur à 12 pour cent, l'intelligent colon retrouvera le capital remboursé par lui accru en outre des bénéfices alloués par la compagnie aux souscripteurs d'assurances.

Ce qui catactérise surtout cette forme d'assistance, c'est qu'elle ne constitue ni un don ni une aumône; c'est une opération de crédit établie sur une base sérieuse, qui ne laisse point compromettre les fonds confiés au travailleur, et qui ne peut porter ombrage à sa dignité.

La combinaison a paru si heureuse, qu'elle a soulevé l'enthousiasme du conseil général de la Vendée, d'où provient notre colon modèle, et que l'assemblée départementale lui a voté une subvention de 500 francs.

L'exemple de M. de Castries a entraîné d'autres hommes d'initiative généreuse: de nouveaux colons, munis du même viatique, ont été envoyés là-bas à leur grande satisfaction et à celle de leurs patrons. En outre, la forme de crédit inaugurée ainsi a été jugée si pratique et si parfaite, que « l'Union coloniale », cette société de colonisation si dévouée et si bien conduite, a entrepris de créer sur les mêmes bases la « Société de Crédit personnel » aux émigrants.

Une autre institution, la « Ligue coloniale de la jeunesse », prélève sur le montant de ses cotisations les fonds nécessaires à l'envoi et à l'établissement aux colonies de quelques-uns de ses membres. Aider ces utiles fondations par sa contribution financière, c'est travailler efficacement à la prospérité des colonies de la France.

Le colon doit encore au milieu social dans lequel il entre le ménagement de sa santé. Il est facile d'imputer uniquement au climat tropical tous les méfaits et, par suite, de détourner de nos colonies des activités productives. Peut-être serait-il plus conforme à la vérité de reconnaître que la plupart de ceux qui dénigrent tant leur climat n'ont rien fait de ce que la sagesse et l'expérience indiquaient pour en atténuer les effets; souvent même ils ont fait tout le nécessaire pour en subir les inconvénients.

Sans aucun doute, le climat tropical, avec son cortège de chaleurs excessives et humides, de pluies hivernales, de fièvres, de maladies contagieuses ou foudroyantes, n'est pas un milieu favorable à la perpétuité de la race européenne et à son séjour permanent. Dans leur passion à promouvoir vers les entreprises coloniales, des zélateurs excessifs perdent trop souvent ce point de vue; mais il n'en est pas moins avéré qu'en observant les prescriptions d'hygiène que l'expérience indique, l'Européen peut parfaitement supporter des séjours prolongés et se maintenir en bonne santé.

C'est à l'émigrant à modifier son genre de vie, à l'adapter aux exigences du climat sous lequel il va vivre. Dans ce cas, l'hygiène privée devient de l'hygiène publique, en évitant de transformer l'individu en un foyer de maladies pernicieuses.

Contre le soleil, il peut tout par l'habitation, par l'attention à ne pas s'exposer aux heures chaudes, par la forme et la qualité du vêtement. Il peut donc éviter les insolations et les coups de chaleur.

Contre l'air dangereux des lagunes, des bords envasés des fleuves, des marais et marigots en activité, il peut se protéger efficacement en renonçant au plaisir dangereux de la chasse, ainsi qu'aux promenades du soir, si justement incriminées dans les colonies tropicales.

Contre les affections si fréquentes et toujours si sérieuses des organes digestifs, il peut tout ce qu'il *voudra*. Dans son régime alimentaire doivent dominer les végétaux, les œufs, le poisson, le lait, la volaille. Il doit en exclure les viandes fortes et le gibier. Il y entrera infiniment peu de vin et pas du tout d'alcool; la boisson devra être exclusivement de l'eau, de l'eau bien pure, c'est-à-dire très saine et, en cas d'incertitude, sévèrement stérilisée.

Telles sont, résumées à grands traits, les conditions d'hygiène imposées à l'Européen sous les tropiques et l'équateur. En les réalisant, il peut venir à bout des difficultés de l'acclimatement; les exemples les plus décisifs existent tant dans nos colonies qu'ailleurs, qui prouvent qu'avec de bonnes habitudes, de la sobriété alliée au ménagement des forces physiques, l'Européen s'acclimate, peut se consacrer avec sécurité à ses affaires et contribuer efficacement à la prospérité de la colonie où il s'est installé.

L'assainissement de la contrée résulte du séjour auquel l'homme a pu se rendre apte par de sages précautions. Son travail élimine peu à peu les éléments nocifs et arrive jusqu'à la transformation du climat. On en a maintes preuves. L'Égypte, qui, avant le percement du canal de Suez, ignorait la pluie, voit de temps à autre des ondées bienfaisantes s'abattre sur la région que traverse le canal d'eau douce; l'ancienne terre de Gessé, remise en culture, est maintenant replantée d'arbres qui avaient disparu depuis de longs siècles. En Algérie, la splendide plaine de la Métidja, noyée de marais au début de la conquête, foyer de fièvres permanentes, est aujourd'hui transformée en champs plantureux. Boufarik, réputé un des points les plus malsains de notre colonie, a été tellement transformé par le travail de nos colons qu'il est devenu une station sanitaire très fréquentée.

LE RECRUTEMENT COLONIAL

CEUX QUI DOIVENT ÊTRE COLONS

Nous avons suffisamment montré ceux qui ne sauraient émigrer utilement ni pour eux, ni pour la colonie; voyons maintenant quels sont ceux à qui l'on peut faire le plus utilement appel, qui doivent même se diriger vers les colonies.

Nous ne pouvons, hélas! invoquer notre excédent de population pour pousser notre jeunesse hors de France. Cependant, le spectacle des races à fécondité débordante devrait nous être une grave leçon et nous montrer que seules les nations possédant une exubérance vitale peuvent rester fortes, que celles-là seules qui fournissent beaucoup à l'émigration voient augmenter leur population intérieure. Puisque nous ne pouvons envoyer dans nos possessions lointaines des flots pressés de nouveaux habitants, il faut du moins diriger nos efforts vers l'envoi de colons de qualité supérieure, c'est-à-dire de gens aussi aptes que possible au rôle qu'ils ambitionnent.

Une des multiples raisons qui doivent nous y engager est la condition même des régions que nous occupons par rapport à celles que nous possédons au loin. Le sol des pays septentrionaux ne se maintient qu'à force de travail, — et encore à peine! — au degré de fécondité nécessaire à l'entretien de ses habitants. Par la nature même de nos climats, nous autres, gens du Nord, sommes de grands consommateurs sur un sol relativement ingrat et surchargé d'innombrables obligations fiscales; les habitants des régions intertropicales et équatoriales, au contraire, sont, par la condition aussi de leur climat, de fort petits consommateurs sur un sol libre qui produit avec une exubérance et une rapidité remarquables. De là, au point de vue économique, une tendance, une obligation d'échanges qui porte l'excédent des produits alimentaires des pays chauds vers les régions septentrionales et les produits industriels surabondants de celles-là vers les premiers. Mais comme la production équatoriale dépasse singulièrement sa capacité d'absorption industrielle, un temps viendra, — prochain, peut-être, — où les pays septentrionaux devront aller demander aux régions chaudes les éléments de leur alimentation. Il y a donc dans la colonisation un soulagement pour ceux qui partent comme pour ceux qui restent. Les partants atténuent l'âpreté de la concurrence; ils laissent à leurs compatriotes des emplois, des métiers plus nombreux et conséquemment facilitent pour eux les moyens d'existence.

Cependant, en dépit de notre insuffisance de natalité, les colons ne manquent pas : les déceptions, la misère, l'esprit d'aventure suffisent au recrutement de ce que nos colonies sont susceptibles d'absorber comme nombre. Ce qui a longtemps fait défaut, c'est l'organisation de l'émigration; abandonnée jusqu'à ces derniers temps au hasard ou à des entrepreneurs éhontés, elle a été longtemps une plaie au lieu d'être un remède, une cause de misère au lieu d'un moyen de relèvement social. Peu à peu la lumière s'est faite, grâce au concours d'hommes dévoués et compétents, connaissant les questions coloniales et pleins d'ardeur patriotique. Ils se sont groupés sous le nom d'*Union coloniale;* ils ont fait appel au public, ont démontré dans des conférences et des réunions diverses la richesse de notre empire colonial, le parti qu'on en pouvait tirer, les procédés à employer. Ils ont secoué la torpeur administrative, entraîné l'opinion et, après elle, les pouvoirs publics; les règlements coloniaux ont été revisés, des lois rationnelles ont été votées sous leur inspiration, des moyens d'action ont été organisés. Grâce à eux, aujourd'hui, notre organisation coloniale s'est transformée au point d'être devenue pratique et de n'avoir rien à envier à nos concurrents.

Une des premières mesures à prendre était de mettre à la portée du public tous les renseignements concernant nos colonies, de fournir à ceux que la pensée d'expatriation pouvait hanter l'indication des ressources, les moyens de transport, des procédés d'exploitation, des conditions climatériques, du régime de la propriété concernant chacune de nos colonies. Il fallait, en un mot, créer un organe de fonctionnement entre les émigrants et les colonies.

Ce rouage existe aujourd'hui avec le nom d'*Office colonial*, sous la dépendance du ministère des colonies. On s'est inspiré heureusement, dans son organisation, des institutions analogues de l'étranger; on leur a emprunté ceux des rouages qui fonctionnent le mieux.

Sa mission essentielle à l'égard de ceux qui veulent s'expatrier est de les éclairer sur l'opportunité d'un établissement dans telle ou telle de nos colonies. Il fait connaître les facilités particulières, telles que concessions de terres, subsides en argent ou en nature, accordées par les autorités locales aux émigrants; il sert d'intermédiaire pour la transmission aux gouverneurs des demandes d'emplois ou de concessions : bref, il prête son concours, en principe, à toutes personnes désireuses de trouver dans les possessions françaises, sous une forme ou sous une autre, l'utilisation de leurs connaissances commerciales, industrielles ou agricoles. C'est, comme on le voit, presque un bureau de placement compris dans un sens élevé. Et, afin de donner encore plus d'autorité à ses indications, il a été prescrit aux fonctionnaires coloniaux de présence à Paris de se tenir, à des jours déterminés, à la disposition des intéressés pour leur fournir de vive voix toutes les indications utiles.

A côté de ce rouage officiel fonctionnent également d'autres rouages libres, du plus heureux effet, qui complètent et achèvent l'œuvre de l'*Office colonial*. Ce sont divers comités et sociétés qui s'efforcent de faire une sélection parmi les aspirants à la colonisation. Tandis que l'*Office colonial* donne ses soins à tout venant, l'*Union coloniale*, la *Ligue coloniale de la jeunesse*, la *Société de propagande coloniale*, le *Comité Dupleix*, l'*Office d'Algérie*, l'*Office de Tunisie*, la *Société française de colonisation*, la *Société française d'émigration des femmes*, et d'autres institutions analogues, se préoccupant avant tout de n'encourager que les entreprises susceptibles de réussite, contribuent pécuniairement à leur mise en marche. A cet effet, les unes s'attachent au choix des sujets d'élite, les autres centralisent les indications nécessaires pour procurer des situations aux émigrants, les aider au moment du départ, leur fournir un patronage et des appuis à l'arrivée, les assister dans leur nouvelle situation si le malheur vient à les atteindre. Mais toutes, quel que soit leur but principal, travaillent avec le plus noble désintéressement au succès de la cause coloniale.

Nous ne manquons pas, en France, de gens qui se dirigeraient volontiers vers nos colonies s'ils étaient convenablement renseignés et conseillés. Combien est-il de cultivateurs, de contremaîtres, d'ingénieurs même, instruits, connaissant à fond leur métier, mais qui ne voudraient pas partir tout à fait à l'aventure, quitter le certain pour l'incertain et risquer un petit avoir ou leur emploi modeste sans savoir exactement ce qui les attend là-bas. Ce sont ceux-là surtout qui se trouveront bien de l'intervention des associations que nous venons de nommer.

A côté de ces colons présentant des garanties, il importe de grouper un personnel d'élite préparé en vue du but à atteindre. Ce personnel existe; il se rencontrera principalement dans la jeunesse de nos écoles, dont l'esprit est éveillé bien autrement que jadis par l'extension de l'enseignement, qui observe, lit, réfléchit, projette et se lance volontiers dans des plans d'avenir. Mais qu'on ne s'y trompe point: ce n'est pas parmi nos populations agricoles que se formera le mieux cette pépinière de colonisation, c'est dans la classe bourgeoise. Non pas dans la riche, très riche bourgeoisie, celle qui tient la tête du négoce et de l'industrie, mais la moyenne, la modique, celle qui a décliné et qui cherche à remonter, à gravir quelques échelons de l'échelle sociale. Elle a réalisé des économies ou sauvegardé des restes de patrimoine; elle aspire ou du moins est disposée à les mettre sur la tête de leurs fils.

Ce sont des dispositions qu'il faut encourager, sous cette réserve que le jeune homme sur lequel repose ces espérances aura été convenablement préparé. Il réussira pour peu qu'il soit bien dirigé. Ajoutons qu'il est essentiellement de la catégorie de ceux à qui l'on peut, l'on doit conseiller l'émigration. Retenu dans la métropole, il ne ferait probablement qu'un médiocre fonctionnaire, un employé besogneux ou un modeste boutiquier; muni des éléments voulus et pour peu que son caractère ait quelque décision, il fera un excellent colon.

Grâce à Dieu, l'appel des hommes d'action dévoués a été entendu; la bourgeoisie moyenne a compris et, si l'on en pouvait faire le dénombrement, on serait tout surpris du nombre de sujets qui se préparent à la nouvelle carrière. Ce sont là de précieux éléments de colonisation, parce qu'ils sont le résultat d'un goût naturel et cultivé.

Mais, à côté de ceux-là, il en est d'autres non moins précieux, qu'il faut dégager, faire germer, développer, multiplier, parce que tout l'avenir de nos colonies repose sur eux.

Ces éléments sont la femme, le prêtre, le militaire.

LA FEMME ÉMIGRANTE

Contrairement à ce que nous voyons en Angleterre, en Allemagne, en Suisse, où les familles, loin de les détourner, encouragent leur départ, où l'influence féminine est acquise aux émigrants, nos femmes de France n'émigrent pas. Chez nous, le fonctionnaire appelé à prendre du service au dehors n'est que trop enclin à laisser sa famille en France; les colons ne se recrutent d'ordinaire que chezles célibataires; cependant nombre de femmes, si elles avaient le courage de quitter le sol natal, trouveraient au dehors un travail plus rémunérateur que celui auquel trop souvent elles s'épuisent; elles contribueraient à fonder des foyers qui assureraient la prospérité de leur maison, de la colonie, et rendraient à nos colons une dignité d'existence qui leur manque trop souvent.

On a dit, et c'est vrai, que si les jeunes gens français reculaient devant l'exil, devant l'éloignement de la mère patrie, de la famille, du foyer de leur enfance, de tout ce qu'ils avaient appris à chérir, c'est qu'ils savaient ne pouvoir au loin reconstituer un foyer, c'est qu'ils étaient obligés de partir seuls, de rester, de vivre seuls, avec toutes les souffrances et les tentations de la solitude, parce qu'il ne se trouvait pas de jeunes filles françaises à l'esprit assez large, au cœur assez généreux, assez pétries de courage et d'esprit chrétien et patriotique pour les suivre et former, là-bas, dans les terres nouvelles, une nouvelle famille, où l'on aimât toujours la vieille patrie, la patrie des tombes héréditaires, mais où l'on sût en créer une autre, plus jeune et non moins belle, la patrie des berceaux, la France de l'avenir. On a dit que nos jeunes filles françaises étaient trop frivoles pour comprendre cette grande œuvre: la fondation d'une race neuve dont on pouvait faire l'esprit, les traditions, les mœurs, la foi, en un mot la création d'un peuple.

Le vérité n'est pas que nos vaillantes jeunes filles françaises soient incapables d'une telle œuvre, mais simplement qu'elles n'y sont pas préparées, que tout dans nos mœurs, dans l'esprit de famille, dans l'éducation, combat de telles résolutions et les entrave. Ni la mère défiante, ni le père sceptique n'admettent que leur fille, élevée surtout pour eux, dans l'étroitesse d'une vie sans idéal, soit fiancée à un jeune homme intelligent et courageux qui ambitionnerait de s'ouvrir une percée dans les colonies.

Nous devons, en France, réagir de toutes nos forces contre un tel état de choses et faire comprendre aux femmes dont la condition est souvent si difficile, que de nouvelles mœurs doivent et peuvent s'établir aisément à leur avantage. Il faut délier les ailes à ces jeunes filles de la classe ouvrière et de la petite bourgeoisie; il faut agrandir leur horizon; il faut leur fournir un champ d'action où leurs connaissances intellectuelles et techniques péniblement acquises puissent s'exercer et prendre toute leur valeur. Elles-mêmes, en tant que femmes, deviendront un objet rare et précieux que les maris se disputeront. Elles n'auront plus à se morfondre dans l'attente vaine de l'épouseur; même sans dot, elles feront leur choix au lieu de le subir. Elles vivront enfin leur vie avec des ambitions plus hautes et des devoirs plus larges; respectées, honorées, heureuses comme épouses et comme mères, elles béniront les parents dont l'heureuse inspiration les aura, en dépit des préjugés, faites libres et rendues à leur véritable destinée.

La présence de la femme apporte si réellement une garantie de stabilité, conséquemment de succès, aux entreprises coloniales, que telle a été la source de l'admirable développement des colonies de peuplement anglaises où se sont formées ces races vigoureuses d'Australiens, de Canadiens, de Sud-Africains. Aujourd'hui encore, l'Angleterre ne néglige rien pour maintenir l'équilibre entre l'élément masculin, qui s'y porte spontanément dans un courant ininterrompu d'émigration, et l'élément féminin, qui a besoin, pour s'expatrier, d'être guidé, soutenu, protégé. Les emplois ne manquant pas dans les colonies anglaises, il s'est formé en Angleterre une société qui informe, par une vaste propagande, les jeunes filles et les femmes anglaises des situations qu'elles sont assurées de trouver aux colonies, recueille celles qui manifestent le désir, de partir, et étend sur elles sa protection depuis le moment du départ jusqu'à celui où elles auront trouvé dans la colonie choisie une place de fille de ferme, de domestique, d'employée de magasin, d'institutrice, etc. Bientôt le mariage vient procurer à ces jeunes filles et à ces jeunes femmes un autre foyer et un autre établissement. Il y a ainsi toujours des places vacantes pour les nouvelles recrues que la *Société d'émigration des femmes anglaises* dirige sans cesse sur les colonies.

Ajoutons que cette œuvre de colonisation est des plus populaires en Angleterre, et qu'elle reçoit de toutes les classes de la société les marques les plus efficaces de la sympathie nationale.

Grâce à une action incessante, avons-nous dit, nos affaires coloniales ont changé de face et la terre française a vu se lever de nouveaux colons possédant des talents, de l'énergie, un patrimoine. Mais les hommes ne suffisent pas, les capitaux non plus. Pour que les colonies soient vraiment de nouvelles France, il faut, — répétons-le sans cesse, — il faut y fonder la famille française.

Comment amener les femmes aux colonies?

A l'heure actuelle, dans les colonies françaises, — sauf l'Algérie et la Tunisie, — on peut tenir pour certain qu'il y a une femme pour cinq ou six hommes, et, dans certains pays, pour dix hommes. La conséquence de cette disette est que l'essentiel de notre colonisation est banni complètement de la société coloniale. Aussi, dès que son entreprise le lui permet, le colon rentre dans la métropole avec cette principale préoccupation d'y chercher une compagne de sa vie. Nous avons vu quelles difficultés il rencontre dans cette grave action.

Le problème n'est pas nouveau. Dans l'ancienne France, les gouvernements de Louis XIII et de Louis XIV, qui ont pratiqué, sur un champ autrement vaste que le nôtre, la grande politique coloniale, se sont préoccupés de le résoudre. Ils y ont employé l'action toute-puissante du clergé. Par ses conseils d'abord, mais surtout par la simplification des formalités matrimoniales, ce dernier poussait l'émigrant à prendre femme avant son départ. Nous avons vu quels procédés de peuplement féminin on employait souvent; ils ne sont plus possibles aujourd'hui.

Sous le second Empire, l'administration pénitentiaire, qui rêvait l'assainissement moral de nos lieux de transportation, a essayé d'un moyen en quelque sorte mixte.

Les condamnés dont la conduite donnait satisfaction et les libérés qui voulaient rester dans la colonie reçurent la promesse de pouvoir s'y établir en contractant mariage. Mais comme les femmes, élément essentiel, faisaient défaut, une entente s'établit avec l'assistance publique pour recevoir et établir celles de ses pupilles qui, à leur majorité, accepteraient d'aller se fixer au loin. A des époques à peu près régulières, des convois composés de jeunes filles recueillies par l'administration partaient sous la conduite d'une religieuse et venaient, munies d'un petit trousseau ainsi que d'une petite somme, s'offrir aux maris qu'on leur réservait. Les futurs conjoints avaient quinze jours ou trois semaines pour s'étudier mutuellement dans des rencontres surveillées scrupuleusement. Rarement le terme s'épuisait sans qu'il y eût entente. Le mariage était célébré avec une certaine pompe, et les nouveaux époux allaient aussitôt prendre possession de leur domicile ou de leur concession.

Ce système avait donné des résultats très satisfaisants et les mariages ainsi contractés ont presque tous fort bien réussi. Malheureusement, il n'a pu subsister; les événements de 1870-1871 ont entravé son fonctionnement et il n'a pas été repris depuis. Il ne peut l'être. Le gouvernement a enfin compris que les lieux de transportation éloignent les émigrants et qu'il est temps de changer un tel état de choses. Des mesures ont été prises pour rendre à la colonisation libre des terres trop largement accaparées par l'administration pénitentiaire et pour amener un courant féminin vers nos possessions lointaines.

Une des meilleures a été la fondation d'une *Société d'émigration des femmes,* à l'imitation de celles qui fonctionnent en Angleterre. Mais on y a apporté quelques modifications heureuses.

Tandis que les sociétés anglaises de ce genre sont surtout, au fond, des agences matrimoniales, la société française s'occupe surtout de trouver aux colonies des situations aux jeunes filles et aux femmes qui veulent coloniser. Le mariage ne tarde pas; il devient la conséquence et comme le couronnement de l'entreprise poursuivie par la Société d'émigration des femmes et par ses clientes.

Il ne s'agit nullement d'envoyer aux colonies des convois. On ne dirige là-bas que les sujets auxquels des situations sont

École professionnelle de Tananarive, à Madagascar. — Cours de culture et d'horticulture.

assurées d'avance. Des correspondants de bonne volonté signalent au comité central les emplois à occuper, prennent les renseignements nécessaires. Quand une femme bien et dûment munie d'une place est sur le point de partir, la Société d'émigration des femmes lui facilite son passage en obtenant pour elle une diminution notable des prix de transport; elle l'adresse, en outre, au comité local du point d'embarquement, qui lui prête toute l'assistance désirable, la reçoit jusqu'au jour du départ, la conduit à bord du bâtiment, en lui laissant, au départ, une bonne parole, un souhait affectueux qui réconfortent. A l'arrivée, l'émigrante est accueillie par les correspondants de la société et trouve auprès d'eux toute l'aide nécessaire au pays lointain; elle est aussitôt introduite dans sa position nouvelle. L'émigrante est ainsi préservée de la misère par l'assurance d'un emploi, et de la vie malsaine par le patronage de ces mêmes correspondants.

Cette œuvre, toute de moralité et de haute charité, a été de suite appréciée à sa juste valeur. Née seulement d'hier, elle a déjà rendu des services si évidents qu'elle a provoqué et réuni les concours les plus précieux. Grâce à elle, un courant s'est établi dans le sens qu'elle recherche; les demandes de départ sont devenues si nombreuses, qu'elle ne peut donner satisfaction à toutes; les offres d'emplois sont également venues, empressées, variées au delà de ce qu'on peut imaginer, de tous les points de notre empire colonial. Dans un endroit, on demande des doctoresses en médecine et surtout des sages-femmes, ailleurs, des institutrices; autre part, des blanchisseuses, des cuisinières; ici des couturières, là des modistes, ou bien des garde-malades, des femmes de chambre, des domestiques.

L'unanime reconnaissance de celles qui se sont acheminées sous le patronage de cette œuvre utile est chose bien douce à constater. Que ce soit du Tonkin, d'Algérie ou de Tunisie, de Madagascar ou de la Nouvelle-Calédonie que viennent ces cris de reconnaissance, ils sont profonds et nombreux; ils prouvent que les gens de cœur qui ont fondé et qui dirigent la Société d'émigration des femmes ont compris quel service immense réclamait une classe nombreuse de la société et quel bien la patrie et les colonies pouvaient en retirer.

Une simple énumération permettra de s'en faire une idée. Ce sont des jeunes filles fiancées à de modestes fonctionnaires et qui peuvent rejoindre leurs futurs maris. On assure ainsi une fixité de résidence avantageuse à l'administration et au fonctionnaire lui-même. C'est une habile ouvrière dant la vue est menacée et qui peut tirer encore bon parti de son talent aux colonies. C'est une mère ayant connu l'aisance et qui, pour élever son fils, apprend courageusement le métier de couturière et trouve aussitôt l'emploi de ses nouvelles connaissances. Une autre, déchue d'une grande situation, et qui réussit à se placer avantageusement dans une des premières maisons d'une de nos colonies. Ailleurs, c'est une jeune fille ruinée qu'on transforme en modiste. Puis, c'est une malheureuse, indignement mariée, qu'on a réussi à arracher à son esclavage et qu'on a dirigée, avec ses quatre enfants, vers un lieu de calme et de paix. Autre part, c'est une sage-femme qu'on envoie; et, pour assurer son concours, on trouve une place profitable à son mari qui l'accompagne. Plusieurs industriels, en réservant des emplois à celles qui viennent de France, les sauvent des angoisses de l'attente.

Nous pourrions citer cent cas divers qui montreraient le côté pratique de l'œuvre; ces quelques-uns suffisent pour lui assurer, avec les sympathies de tous, la certitude d'une large réussite.

Avec le succès, l'ambition lui est venue : l'ambition du bien. Les émigrantes envoyées jusqu'ici sont à peu près toutes des déshéritées de la vie, des victimes dignes du plus réel intérêt. On a pensé que le but patriotique visé dans la fondation ne serait pas tout à fait atteint en se bornant à soulager des infortunes privées. On a fait valoir justement que, parmi les obstacles empêchant le mariage de nos colons, un des plus marquants était la difficulté de rencontrer une femme de leur condition. Dès lors, si l'on peut lui amener une compagne pour partager sa solitude et s'associer à ses travaux, se trouveront écartées les objections résultant d'un surcroît de charges pour le colon qui cherche à faire sa fortune, puisque, dans un ménage, la présence de la femme accroît d'ordinaire les ressources de la maison par l'ordre et l'économie qu'elle y apporte.

D'autre part, il existe, même dans nos campagnes, bien des jeunes filles au caractère fortement trempé que la destinée coloniale n'effrayerait pas. On a donc décidé de créer en France, à l'exemple du Canada, une école de fermières pour les jeunes filles de la petite bourgeoisie. On y formera des épouses destinées à nos colons, à qui elles apporteront, avec toutes les ressources d'une éducation déjà élevée, les connaissances techniques qui feront d'elles les meilleurs auxiliaires de leurs maris.

LE ROLE COLONIAL DU CLERGÉ

Un enseignement bien conduit, les conseils et la persuasion ne suffiront pas seuls à créer, surtout à conserver un courant d'émigration. Il y faut une force morale qu'il appartient au prêtre d'apporter par la parole et par les actes; il peut, il doit être un des meilleurs préparateurs de la race forte de colons dont nous avons besoin. Les meilleurs colons, — qu'on en soit bien persuadé, — seront des fils de fermiers français déjà expérimentés, capables de réussir en France, et comprenant la force qu'ils trouveront aux colonies en y transférant leur famille. Ces hommes-là se trouveraient en particulier dans les cantons de France restés le plus religieux, où la foi mieux conservée a gardé intacts le foyer conjugal, la sainteté du mariage, les nombreuses familles, la sobriété, la dignité de la vie, l'honnêteté, la fermeté des principes et la vigueur de la race.

Mais comment atteindre ces précieuses pépinières? Comment y faire une propagande efficace? Comment décider nos compatriotes à quitter leur pays pour aller au loin, dans des contrées inconnues, dont ils ne savent parfois pas le nom ou dont ils n'ont jamais entendu dire que du mal? Car on ne peut nier que ces pays sont d'ordinaire plus fermés que d'autres et leurs habitants plus attachés à leurs habitudes, à leurs villages, à leurs foyers, plus hésitants et plus timides devant ce qui est nouveau pour eux et les sort de l'ordre ordinaire, des idées reçues et des occupations journalières.

On s'assurera des colons et d'excellents colons par l'appui et le concours du clergé de nos campagnes. On obtiendra cet appui et ce concours, on aura raison de ces hésitations de la première heure en écartant certains préjugés, en dirigeant quelque peu l'éducation ecclésiastique, en donnant au clergé convié à cette œuvre d'indispensables garanties.

Le temps s'éloigne heureusement où les préjugés d'hostilité religieuse étaient une règle administrative fondamentale. Si l'esprit de nos gouvernants n'est pas encore assez dégagé pour proclamer la fin d'un tel régime, du moins leurs actes, — en dehors de la métropole, — sont plus conformes à ce que dicte la saine raison. Ils se rangent insensiblement sous cette vérité qu'il n'y a point de morale sans religion et que le prêtre peut seul enseigner efficacement cette morale, que les colons qui en sont pourvus sont plus gouvernables et plus prospères, qu'il y a, en conséquence, intérêt national à favoriser l'action religieuse dans nos colonies.

Certaine presse cherche à entretenir et à réveiller cette antipathie religieuse en s'inspirant d'un déplorable esprit d'intolérance, sans s'apercevoir qu'elle ne poursuit rien moins que la déchéance de la France au loin. Elle ne peut se résoudre à posséder la vraie liberté d'esprit en matière religieuse, celle qui consiste à s'affranchir de tout ce qui peut mettre entrave ou opposer un obstacle soit à l'expansion naturelle du génie humain, soit à l'expansion plus spéciale de l'influence nationale au delà de nos frontières. Elle ne voit pas, cette presse aveuglée par la passion, qu'en jetant inconsidérément le discrédit sur nos prêtres tant du clergé séculier que des missions, elle sape l'action de la France et fait les affaires de nos concurrents.

Tous ceux qui les ont vus à l'œuvre savent tout le bien que font dans la France d'outre-mer les membres de notre clergé, les services qu'ils rendent à l'influence française, le concours dévoué qu'ils apportent aux agents gouvernementaux, lesquels s'empressent de le réclamer en toute occasion. Tous ceux qui savent s'affranchir d'un parti pris d'hostilité reconnaissent que, moralement et matériellement, l'assistance du clergé est précieuse entre toutes pour notre œuvre colonisatrice. Si nos soldats conquièrent les territoires, eux pénètrent au cœur des populations; ils entrent dans leur intimité par leur action bienfaisante et consolatrice.

Pour tirer de tels auxiliaires tout le parti possible, il reste un progrès à réaliser, un pas à franchir : reconnaissant leurs services à la cause coloniale, il suffirait de demander ouvertement, publiquement leur concours au lieu de se borner à l'accepter comme en cachette.

Le clergé, qu'on en soit assuré, ne résistera pas aux premières avances et y verra une garantie de la droiture des intentions de nos gouvernants; mais le mouvement d'émigration à provoquer étant une innovation, une sorte de révolution pour ces hommes un peu hésitants aux changements radicaux, il y a là une sorte d'initiation pour les uns et d'éducation nécessaire pour les autres, c'est-à-dire pour la partie jeune. Quand on aura convaincu ce clergé, qui est droit, honnête, dévoué, qu'il y a là un grand bien à réaliser pour la France en général et pour ses ouailles en particulier, il apportera son plein concours.

Les premières tentatives en ce genre ont bien montré quel écho trouvait auprès de la jeunesse de nos séminaires la parole de ceux qui développaient cette idée patriotique et chrétienne. Il suffira de rappeler à ces âmes ardentes et généreuses l'influence et l'autorité dont elles disposent. L'influence, elles l'exerceront en déterminant tous ceux qui ne trouvent pas leur voie dans la métropole à aller la chercher dans les colonies. L'autorité, elles l'emploieront dans les colonies où bon nombre se rendront en mettant à la tête des sociétés et des familles qui s'y établiront ces deux institutions d'ordre si nécessaire à la base d'un État social qui se fonde : l'Église et l'École.

Il conviendra surtout de bien persuader les jeunes générations ecclésiastiques qu'il n'y a dans un tel programme rien qui soit d'innovation récente ou empreint de théorie subversive. C'est le retour pur et simple au rôle que le clergé d'autrefois avait assumé. En s'associant ainsi à l'œuvre coloniale, il ne ferait que reprendre ses anciennes traditions; car, sous l'ancien régime, c'était le curé qui, le dimanche, à la messe paroissiale, indiquait les colonies réclamant des colons et faisait connaître les conditions exigées pour s'embarquer.

Il y a enfin à fournir des garanties d'ordre moral ainsi que d'ordre administratif à ces hommes dont on réclame le concours et qui se sentent charge d'âmes.

Le clergé se demandera s'il peut, en sûreté de conscience, envoyer aux colonies où ils ne trouveront pas toutes les ressources religieuses dont ils ont besoin, des gens, excellents chrétiens dans leur patrie, qui se perdront au loin faute de secours, d'instructions, de prêtres? Question délicate que l'administration peut contribuer à résoudre aisément en prenant les mesures nécessaires pour assurer un prêtre et une école à tout groupement colonial. Il suffira de rompre avec certaines habitudes administratives, d'assurer au clergé colonial un entretien convenable et un recrutement régulier, de l'aider, de le seconder, de l'entourer de l'estime et du respect qui lui sont dus et qu'il mérite.

En plaçant ainsi notre clergé français dans des conditions lui permettant un efficace concours, on aura des émigrants nouveaux et plus nombreux; on les aura meilleurs, on les aura plus stables, plus gouvernables, conséquemment plus profitables à la colonie. Avec cette force bien dirigée, la cause de l'émigration aux colonies sera gagnée, et nous verrons sans aucun doute se produire en

France ce que l'on a vu si souvent en Allemagne, un village français essaimant des montagnes du Rouergue ou des Pyrénées, sous la conduite de son curé, pour aller s'établir en Nouvelle-Calédonie ou à Madagascar.

Il suffit, pour apprécier la valeur de l'action cléricale en matière de colonisation, de considérer les efforts que les autres nations demandent à leur clergé respectif et l'assistance qu'elles lui assurent. Nous ne citerons comme exemple que ce qui s'est passé ou qui se passe à la Nouvelle-Calédonie, terre admirablement propice au peuplement par nos nationaux.

Cette terre, dont la destinée a été jusqu'ici détournée de sa vraie voie par les erreurs de notre administration, nous a été donnée par les maristes de Lyon. Ils y étaient depuis plus de dix ans quand leurs instances finirent par décider le gouvernement à en faire une terre française.

Aussi bien l'histoire de cette acquisition mérite d'être connue.

Le 28 septembre 1853, l'amiral Febvrier des Pointes arrivait en toute hâte de Tahïti, pourvu de mystérieuses instructions du gouvernement, lesquelles lui prescrivaient de prendre possession de la Nouvelle-Calédonie, mais d'éviter à tout prix aucune contestation avec les Anglais.

Six jours auparavant, à Pouébo et à Balado, il avait planté le drapeau national sur un sol presque français, puisque la petite maison des missionnaires s'y élevait, et pris solennellement possession de la Nouvelle-Calédonie. Mais certains renseignements fournis par les maristes avaient inquiété l'amiral.

Par une étrange coïncidence, le jour même où le navire français venait d'arriver, le P. Montrouzier, — un des premiers et des plus persévérants apôtres de ces régions, — avait été avisé par un correspondant d'Australie qu'il recevrait incessamment divers objets par l'entremise d'un navire de guerre anglais en partance pour la Nouvelle-Calédonie.

Aussitôt l'amiral Febvrier des Pointes s'était dirigé, sur l'avis des missionnaires, vers l'île des Pins fréquentée habituellement par les négociants anglais et où régnait alors un grand chef.

Juste au moment où la rade se découvrit, on aperçut à l'ancre un navire anglais. Serait-il trop tard?

Il importait de savoir si les Anglais avaient pris possession de l'île; mais les abords en étaient si dangereux que l'amiral hésitait à s'en approcher au moment où la nuit arrivait. Heureusement qu'un jeune aspirant connaissant ces parages put conduire l'aviso jusque dans la baie et le mouiller tout près de la corvette anglaise.

A la nuit, ce même officier, M. Amet, se rendit à terre dans un petit canot, à travers la ligne des récifs, et atteignit la maison des missionnaires. Il en reçut de tels renseignements qu'il pria le P. Goujon, supérieur, de venir immédiatement les communiquer à l'amiral. La dangereuse navigation fut reprise en pleine nuit et l'amiral fut réveillé d'urgence. Le P. Goujon lui apprit que les Anglais venus pour négocier l'achat de l'île, — ils s'en étaient vantés, — n'avaient encore rien conclu avec le chef.

Il était temps encore.

Alors le missionnaire, en pleine obscurité, au péril de sa vie, regagne la terre, va trouver le chef Vendedou, son ami, et le presse de mettre son île sous la protection de la France. Le Canaque, confiant dans la loyauté du missionnaire et comprenant que s'il n'accueille pas les Français il lui faudra subir les exigences des Anglais qu'il déteste, se rend aux instances du P. Goujon.

A l'aube, un signal appelle les officiers du *Phoque,* l'amiral débarque. Afin de ne point éveiller les soupçons des Anglais, il n'a pas arboré de pavillon ni endossé d'uniforme; un officier, parti d'avance, s'était chargé des deux.

Arrivé à la case du missionnaire où se trouvait le chef sauvage, l'amiral revêtit son uniforme chamarré de dorures et de décorations, fit hisser le drapeau de la France et signa le procès-verbal de la prise de possession.

Les Anglais, occupés à des travaux d'hydrographie, avaient bien vu l'aviso; les visites d'usage avaient même été échangées, mais ils n'avaient rien soupçonné de la scène qui s'était jouée sous leurs yeux.

Quand le navire français se fut éloigné, le capitaine du vaisseau anglais fit venir à son bord le chef Vendedou, exhiba de superbes présents et lui demanda de vendre son île à la Grande-Bretagne.

« C'est trop tard, » répondit le Canaque; et il lui montra le pavillon français.

Furieux, l'officier anglais, qui tenait dans ses bras la petite fille du chef canaque, la laissa tomber et fit jeter par-dessus bord le pauvre Canaque, que ce bain inattendu ne rendit pas plus sympathique aux Anglais.

Honteux et dépité, le commandant du *Herald* cingla vers Sidney, où il alla raconter sa mésaventure à son commodore. Ce dernier, qui avait gardé en poche depuis plusieurs mois l'ordre d'occuper la Nouvelle-Calédonie, tomba foudroyé en apprenant que les Français y étaient établis.

Voilà comment, grâce à l'énergie et au patriotisme de ses marins et de ses missionnaires, la France acquit la Nouvelle-Calédonie.

Ce brillant et désintéressé concours se poursuit sans relâche dans les mêmes parages et remet en présence les mêmes concurrents à propos de la colonisation des Nouvelles-Hébrides. Ce sont les mêmes maristes qui les disputent à l'Angleterre, et qui les disputent avec une telle ardeur que l'Académie des sciences, belles-lettres et arts de Lyon, ayant à répartir les dernières sommes d'une importante fondation, — le legs Chazière, — a décerné un prix de 10000 francs au P. Pionnier, des maristes de Lyon, pour récompenser ce dévoué missionnaire de ses efforts et de ses luttes dans cet archipel, qui, grâce à lui, deviendra probablement un jour une terre française, bien que convoitée vivement par l'Angleterre.

Nos missionnaires n'ont que des ressources d'une exiguïté stupéfiante pour lutter à la fois contre la sauvagerie des naturels et contre l'action puissante des ministres anglais.

Ceux-ci reçoivent tous les secours imaginables : dans une seule conférence faite à Sidney par l'évêque anglican de la Mélanésie, une somme de 300000 francs lui a été donnée par les assistants pour les œuvres de son diocèse. Que peuvent les maigres allocations de notre gouvernement contre de pareilles générosités ? Et pourtant, ailleurs aussi bien que là, l'œuvre de civilisation et de colonisation se poursuit sans la moindre défaillance par les membres de notre clergé français.

Ce n'est donc pas la seule préoccupation des intérêts religieux qui doit guider les rapports de l'administration et du clergé colonial, il y a aussi l'intérêt national qui y trouve la prospérité matérielle en même temps que la prospérité morale.

D'ailleurs, tous les hommes d'État ayant une vision juste des choses appuient leur politique d'outre-mer sur le concours de missionnaires qu'ils transforment aussitôt qu'ils le peuvent en clergé régulier colonial.

LE SOLDAT-COLON

Indépendamment de la femme, indépendamment du prêtre, nous possédons encore une autre force coloniale dans le soldat.

Après avoir donné de nouveaux territoires à son pays, le militaire est encore un des agents les plus aptes à les mettre en valeur. Sans revenir au système romain, qui donnait aux soldats s'y fixant une part des terres conquises par eux, il semble assez juste, à première vue, de faire profiter des fruits de la victoire ceux qui l'ont assurée à leur patrie. Nous ne pouvons davantage imiter les Russes, qui, pour peupler leur conquête du Caucase, dont les habitants avaient préféré se faire exterminer, y transportèrent des armées entières à qui furent distribuées les terres des vaincus, d'après leur grade, avec obligation de s'y établir définitivement.

Un homme de haute valeur, à la fois grand homme de guerre et grand administrateur, le maréchal Bugeaud, avait rêvé d'ouvrir notre nouvelle conquête d'Alger à la colonisation au moyen de l'élément militaire. Quelques essais heureux, détournés de leur véritable voie par une administration d'esprit étroit et tracassière, ne purent être poursuivis; l'œuvre avorta quand son auteur ne fut plus là pour la défendre. Le système, bon en soi, ne put être repris par suite d'une préoccupation constante d'écarter l'élément militaire de la colonisation algérienne.

Mais l'idée était juste; elle a frappé l'esprit d'hommes à conceptions larges, qui ont essayé de la remettre en pratique dans un nouveau cadre. Depuis plusieurs années déjà, nos administrateurs militaires du Soudan ont compris que, s'ils ne pouvaient encore aborder directement la colonisation par le soldat, ils pouvaient du moins la préparer et faciliter efficacement l'exploitation par l'élément civil. Ils ont pensé que le rôle du soldat, et plus particulièrement de l'officier, ne doit pas se borner à l'action militaire, qu'il a une mission plus étendue et plus élevée au début de nos nouvelles colonies, qu'il lui appartient de commencer l'organisation et la mise en valeur des territoires que sa bravoure a donnés à la France. Ce magnifique programme a été celui que nos commandants militaires dans le Soudan et l'Afrique occidentale ont appliqué avec un dévouement et une persévérance rares. C'est grâce à eux que, toutes frémissantes encore des luttes guerrières, ces contrées étaient aussitôt explorées, relevées au point de vue géographique et colonial; par eux ont été étudiées et commencées les voies de pénétration si nécessaires à la mise en valeur de nos possessions.

Ces idées si exactes, si pratiques, ont pu être appliquées avec succès par un de nos meilleurs administrateurs, le général Galliéni, à Madagascar, où il trouvait un terrain neuf, non encore envahi par les broussailles administratives. Homme d'énergie et d'initiative, il a fait table rase du passé, organisé la colonie d'une main puissante et introduit la colonisation militaire conformément à la vieille idée de Bugeaud, avec les retouches commandées par l'époque et la contrée.

Non seulement l'élément militaire doit, selon lui, contribuer à l'arrivée de colons civils et lui fournir un appui efficace permettant aux émigrants de se livrer en paix à leurs entreprises, mais il entend encore que l'armée fournisse elle-même de nouveaux colons.

Le centre de Madagascar étant reconnu comme propice à la petite colonisation, il résolut de la tenter au moyen des éléments qu'il avait sous la main, non en faisant de la colonisation officielle, dont il connaissait trop bien les insuccès constants, mais en facilitant l'établissement d'un certain nombre de soldats prochainement libérables. Il voulait faire une expérience qui, si elle réussissait, devait écarter de la colonie la venue prématurée de colons mal préparés, voués à la misère et enclins à jeter le discrédit sur la colonie elle-même.

Il était guidé par plusieurs raisons : il jugeait équitable que celui-là qui avait supporté le poids de la conquête fût un des premiers à en recueillir les bénéfices. Il considérait surtout que le soldat était un homme déjà acclimaté et habitué aux difficultés du pays, qu'il connaissait l'indigène, qu'il en bredouillait la langue, qu'il se trouvait dans les meilleures conditions requises pour faire un essai de petite colonisation.

On décida donc que les soldats qui, antérieurement, avaient exercé des professions agricoles et qui se trouvaient dans leur dernière année de service seraient autorisés à demander immédiatement une concession de cent hectares à titre provisoire.

Un crédit annuel est affecté à l'installation des colons militaires. En principe, ceux-ci, au moment de la délivrance du titre d'occupation provisoire, doivent posséder des ressources pour subvenir à leur entretien jusqu'à la mise en rapport du sol; des subventions exclusivement applicables à l'amélioration du fonds et à sa mise en valeur peuvent leur être accordées pendant les deux premières années, sans toutefois qu'elles soient supérieures à 3000 francs durant la première année et à 1500 francs pendant la seconde. Interdiction est faite de disposer de la concession pendant six ans, sauf contre remboursement des allocations; passé ce délai, la concession, qui doit avoir été complètement mise en valeur dans le délai de trois ans, devient la propriété définitive du colon qui est, dès le premier jour, bénéficiaire absolu des améliorations apportées.

Ceux qui ignorent les débuts d'une entreprise coloniale ne peuvent se former une idée du bénéfice extraordinaire que ces jeunes gens trouvent à commencer leur vie coloniale à une minute où ils sont encore soldats; ils sont ainsi affranchis de toutes les difficultés qui assaillent le colon civil pendant la première année de son effort. Les soldats-colons de Madagascar continuent à être nourris et habillés par l'intendance militaire; on leur fournit du vin, du café, du sucre. S'ils sont trop éloignés pour qu'on puisse leur procurer de la viande, on leur donne de l'argent pour en acheter sur place aux indigènes.

La paye du soldat étant, aux colonies, beaucoup plus élevée qu'en France, les occasions de dépenses futiles à peu près nulles, les concessions réservées surtout à ceux qui fréquentent le moins le comptoir du marchand de goutte, la plupart de ces jeunes-gens ne se mettent pas dans leur « case » tout à fait dépourvus d'argent; on en voit qui s'établissent avec 1200 francs de bon argent économisé sur leur solde et leurs gains de campagne.

Madagascar. — Types d'habitations à Antsirane, près Diégo-Suarez.

1. Maison créole, habitation et magasin.
2. Ancienne direction de l'intérieur, actuellement résidence de l'administrateur.
3. Modèle de maison démontable.

Par les résultats déjà obtenus, on peut aisément juger de la valeur du système et des espérances qu'il autorise. Sans entrer dans des détails qui auraient des allures de monographie, on connaît de ces soldats laboureurs qui, en moins de trois ans, ont mis leur concession en plein rapport, y ont joint de petits élevages et qui, dès la première année, avaient trouvé moyen de vendre pour plus de 1500 francs de récoltes, d'augmenter leur exploitation de telle façon que les bénéfices, au bout de la troisième année, dépassaient 10000 francs.

Quelques-uns, possédant personnellement un certain capital, se sont adonnés à la culture du riz et à l'élevage des bœufs : en peu de temps leurs gains annuels atteignaient de 15 à 20000 francs.

A côté de ces résultats matériels, il y a des intérêts moraux. Frappés par tant d'ardeur au travail, par la direction intelligente de ces colons, les indigènes les ont priés de faire partie de leur *fokolone,* sorte de conseil chargé d'administrer les biens communaux; ils sont ainsi venus d'eux-mêmes au-devant de la civilisation dont on leur montrait les effets.

Tout cela a paru si encourageant à certains hommes animés par l'amour patriotique de nos colonies, qu'ils ont résolu d'associer leurs efforts pour faciliter le développement d'une telle institution. Une société s'est fondée au Havre pour aider à la colonisation de Madagascar, en soutenant des sous-officiers et soldats privés d'outillage et de capitaux qui ont l'intention de s'y établir après leur libération.

Nous trouvons au Tonkin une organisation analogue, en vue d'y retenir les soldats libérables; le « Syndicat des planteurs du Tonkin » s'est entendu avec l'autorité militaire pour assurer des positions aux sous-officiers et aux soldats à leur sortie de l'armée.

Cette excellence du soldat-colon a été également constatée en Nouvelle-Calédonie, où, pour le grand bien de la colonie et des colons, des concessions assez nombreuses ont été sollicitées par des militaires libérables et des fonctionnaires retraités. Les uns et les autres réussissent parce qu'ils sont habitués au pays, qu'ils ne s'établissent qu'en connaissance de cause et avec la ferme résolution d'arriver à un but qu'ils savent pouvoir atteindre.

LES LIEUX DE COLONISATION

OU IL FAUT ÉMIGRER

Si l'on n'a pas perdu de vue que la condition climatérique d'un pays est le premier point que doit examiner l'émigrant, le choix de la colonie devient plus facile parce qu'elle appartient nécessairement à l'une des deux catégories suivantes : celles où le séjour permanent de l'Européen est impossible, et celles où il peut demeurer sans danger pour sa vie et sa santé. En langage colonial on appelle les premières « colonies d'exploitation », parce que les hommes de race blanche ne peuvent s'y livrer aux travaux manuels et doivent limiter leur action à la direction, à la surveillance d'entreprises où la main-d'œuvre de couleur est seule employée. Les secondes sont dites « colonies de peuplement », parce que leur climat permet aux Européens d'y demeurer, d'y faire souche, et qu'ils peuvent à peu près impunément s'y adonner par eux-mêmes au travail du sol.

Dans les premières, le séjour du blanc n'est possible que pendant une durée limitée et à la condition d'aller se retremper dans l'air natal; en outre, sa descendance, s'il en a, est exposée aux plus graves accidents de santé. Dans les autres, où il retrouve des conditions de climat analogues à celles de son pays d'origine, l'Européen peut mener un genre de vie plus conforme à ses habitudes acquises; il n'a pas à redouter d'inconvénients graves pour la santé des enfants qui lui arrivent; il peut même espérer les voir continuer l'établissement fondé par lui.

Nous savons d'autre part que, la majeure partie de nos possessions coloniales étant située dans la zone tropicale, nous ne pouvons offrir à la colonisation qu'un petit nombre de points, — fort étendus pourtant, — où l'on puisse attirer les colons qui doivent demander à leurs propres bras l'aisance et le bien-être qu'ils sont venus chercher.

Cette classification première en amène une autre qui montre au colon à quel genre d'exploitation il peut se livrer d'après ses moyens d'action et ses ressources.

Il va de soi qu'il faut pouvoir disposer de capitaux plus importants, quand on aborde une entreprise où tout, matériel et main-d'œuvre, doit être soldé en argent, que si l'on entreprend une exploitation où le colon fait tout par ses mains, demande tout à son travail personnel.

S'il dispose de moyens considérables, il peut aborder les colonies d'exploitation, parce que les profits y sont plus rapides et plus importants; mais s'il a des ressources restreintes ou même nulles, il ne peut songer qu'aux colonies de peuplement, les seules accessibles à la catégorie qui compose la petite colonisation. Enfin, s'il n'a aucune ressource, l'émigrant peut encore trouver une situation subalterne dans quelque exploitation. Dans cette dernière condition, il n'est plus un colon, il est un employé; alors peu importe, au point de vue colonial, qu'il choisisse l'une ou l'autre de nos colonies, pourvu qu'il soit d'abord assuré d'y trouver une occupation. Lui seul est juge des risques de santé qu'il lui convient de courir.

D'une façon générale, les colonies d'exploitation ne conviennent qu'aux colons riches, c'est-à-dire disposant de larges ressources; les colonies de peuplement conviennent mieux au petit colon ou, si l'on préfère, au colon à petit capital.

Les unes et les autres peuvent encore se distinguer en colonies de régie et de commerce, telles que le Sénégal, le Congo, la Guinée, le Dahomey, etc.; en colonies de plantation, comme les Antilles, la Réunion, le Tonkin, l'Annam, etc.; et en colonies mixtes se prêtant plus ou moins au peuplement; c'est le cas de l'Algérie, de la Tunisie, de Madagascar.

C'est donc d'après ses aptitudes, ses ressources et le climat auquel il veut se soumettre, que le futur colon doit faire choix du lieu où il émigrera. Il pourra encore être guidé par une foule de considérations personnelles et de famille qui ne sauraient trouver place dans des indications générales comme celles-ci, mais qui n'en pèseront pas moins souvent d'un poids décisif dans sa résolution et qui pourront servir ou compromettre à tout jamais son entreprise.

Voilà pourquoi il est impossible de donner des conseils absolus, de formuler une règle précise pour diriger un colon dans son établissement; chaque cas doit être examiné à part, avec soin; même les solutions les plus diverses peuvent être logiquement adoptées par les intéressés, à la condition de se rattacher aux principes généraux que nous venons d'émettre.

On ne doit pas non plus perdre de vue que, pour réussir dans la culture coloniale, il faut les mêmes éléments que dans l'agriculture de la métropole. Le colon doit réunir la triple condition des connaissances voulues, du capital et du travail. Pas plus aux colonies qu'ailleurs on ne fait quelque chose avec rien. Seulement, ces éléments bien employés procurent un rendement plus fort que dans la métropole.

Ainsi que dans la mère patrie, une des conditions du succès est d'entreprendre peu à la fois et de le bien faire, de ne pas disperser son effort, de le concentrer, au contraire, sur un espace restreint bien choisi, qui rendra toujours plus abondamment. C'est, en d'autres termes, le système intensif, celui qui a porté notre agriculture à son point le plus élevé; bon en France, il est excellent dans nos possessions coloniales.

Ceci dit, il y aura, nous pensons, un profit pratique à connaître sommairement les conditions que chacune de nos colonies présente à l'émigrant, ce qui sera encore un moyen de l'éclairer sur la résolution qu'il médite.

Peuplons donc nos colonies de peuplement et exploitons nos colonies d'exploitation; nos débouchés s'en trouveront développés comme par enchantement, la mère patrie et les petites patries d'outre-mer y trouveront également leur grandeur et leur prospérité. Nous possédons dans nos colonies une foule d'animaux grands et petits, de végétaux sauvages ou cultivés, dont l'élevage et la culture devraient être organisés ou repris sur des bases meilleures, et qui assureraient à ceux qui se livreraient à leur exploitation des bénéfices importants par plus de méthode et de science dans les procédés.

NOS COLONIES DE RÉGIE ET DE COMMERCE

Ce sont celles où l'Européen ne peut travailler manuellement et ne doit y envisager que des positions de direction et de surveillance. Elles exigent un apport de capitaux souvent considérables, suivant qu'il s'agit de la simple récolte de produits naturels ou de l'exploitation de richesses minières ou forestières.

Le nombre est fort restreint des capitalistes disposant de sommes importantes qui vont eux-mêmes organiser, diriger, exploiter les immenses étendues composant les concessions de ce genre. D'ordinaire, l'homme riche ne s'expose pas de gaieté de cœur à tous les hasards de climats pernicieux; s'il va plus ou moins souvent donner le coup d'œil du maître à ses importants domaines, il n'y séjourne pas: la direction en est ordinairement confiée à des agents et sous-agents de tout ordre qui résident un temps variable, suivant leur force de résistance ou leurs convenances, à la condition d'interrompre leur séjour par des voyages périodiques en Europe.

Ce genre de colonies est le plus souvent dévolu à des sociétés commerciales ou d'exploitation qui installent un personnel hiérarchisé dont le rôle consiste à conduire les opérations et à diriger le travail des naturels engagés par l'entreprise. On y rencontre aussi quelques établissements importants qui sont la propriété d'un seul; mais ils sont rares, par les raisons que nous venons de dire, aussi parce que ces établissements ne sont parvenus à un haut degré de prospérité qu'à force de travail, d'ordre, d'entente des affaires, de temps, et que les colons qui les ont organisées ne sont pas toujours assez pourvus des dons de la santé pour parvenir très promptement au sommet du succès. C'est encore une des raisons qui font prédominer dans ces contrées les entreprises collectives sur les entreprises individuelles.

Ces colonies offrent donc bien peu de situations indépendantes; elles ne conviennent guère qu'à ceux que des connaissances spéciales, un talent pratique, désignent pour les fonctions supérieures de direction, ou bien à ceux que la fréquentation des indigènes, des séjours précédents comme soldats ou marins, ont familiarisés avec elles et ont rendus particulièrement aptes à la surveillance des travailleurs. Elles peuvent encore convenir aux colons préparés pour les affaires de troc ou de commerce, et qui opèrent au nom d'une maison de commerce. Ceux-là peuvent faire d'utiles chefs de comptoirs et de postes destinés à centraliser les produits apportés par les indigènes.

On ne peut cependant pas affirmer d'une façon absolue que ces colonies soient à tout jamais fermées au petit colon, à celui qui ne dispose que de ressources restreintes. A la condition de posséder les avances nécessaires, de faire usage de la main-d'œuvre indigène et d'avoir son entreprise dans le voisinage des centres de colonisation, le petit colon peut s'adonner avec profit, et même avec gros profit, à la culture des légumes européens. Leur usage est d'une telle nécessité, les conserves sont si coûteuses et si pernicieuses par leur consommation trop habituelle, que les légumes frais sont toujours assurés d'une vente très rémunératrice.

Il existe, en outre, un certain nombre de végétaux dont l'exploitation peut être profitable, à la condition d'être bien conduite.

On croit trop dans notre pays qu'à part le blé, la pomme de terre et une dizaine de produits constituant l'agriculture française, il n'y a plus rien au monde. On oublie trop que le riz, le manioc, le sagou, nourrissent plus d'êtres humains que le blé. Une foule de produits devraient constituer une source inépuisable de débouchés et de richesses. Il suffit de les bien connaître.

C'est le rôle désormais dévolu à une création nouvelle des plus utiles et des mieux comprises, le « Jardin colonial », fondé et dirigé, sur la lisière du bois de Vincennes, par M. Dybowsky, ancien directeur de l'agriculture en Tunisie. Là se trouve un laboratoire agricole qui étudie toutes les variétés des végétaux de la culture coloniale, sélectionne les espèces, les renvoie améliorées à leur lieu d'origine, fixe les meilleures méthodes de culture, accomplit, en un mot, à l'égard de l'agriculture coloniale, la mission que notre Institut agronomique accomplit à l'égard de l'agriculture nationale; si bien que le colon désireux d'être fixé sur l'aptitude de ses terres, sur la valeur d'une méthode culturale ou le choix d'une variété, peut trouver au « Jardin colonial » tous les renseignements qui lui éviteront les déboires et les insuccès.

I. — LE SÉNÉGAL ET SES DÉPENDANCES — LE SOUDAN FRANÇAIS

Une bonne hygiène étant la principale sauvegarde de l'Européen dans ces régions, il importe de ne pas s'exposer aux inconvénients du climat en arrivant à une époque quelconque de l'année. La mauvaise saison s'étendant de juin à novembre, les Européens doivent venir de préférence durant les mois de décembre, janvier et février, qui sont les plus propices, les vents d'est qui soufflent le reste du temps amenant des périodes très fatigantes.

L'habitation doit être vaste, aérée, surélevée largement au-dessus du sol et abritée du vent d'est par un rideau d'arbres.

Le vêtement doit être de toile blanche, mais il importe de porter de la flanelle directement sur la peau. Comme coiffure, le casque est indispensable. On se trouve bien de l'usage des chaussures légères en toile et en cuir fauve, mais on devra y joindre des jambières dans les voyages à travers le pays.

Un bon régime alimentaire est nécessaire, à cause de l'exagération des fonctions de la peau qui exigent une réparation énergique. Toutefois le régime doit comprendre plus de végétaux que de viandes; les repas doivent se prendre à des heures très régulières.

Les ablutions ou douches journalières sont indispensables pour assurer le bon fonctionnement de l'absorption et de la respiration cutanée. Enfin, il faut ne jamais garder de vêtements imprégnés de transpiration. En un mot, la plus grande propreté du corps et de l'habitation est indispensable.

En s'astreignant à cette hygiène et en revenant tous les deux ou trois ans passer quelques mois dans son pays natal, l'Européen peut fort bien vivre dans ces régions.

A quelles occupations peut-il se livrer?

A de rares exceptions près, on s'est borné jusqu'à ces derniers temps aux opérations de commerce. Celui du Sénégal est exclusivement entre les mains d'un certain nombre de maisons importantes qui ont pris du développement surtout depuis l'administration du général Faidherbe. Les chefs de ces maisons ont, pour la plupart, passé de longues années ou fait de fréquents séjours dans le pays, ils sont connus et aimés des indigènes. On conçoit donc que la fondation de nouvelles maisons rencontre des difficultés que le temps et une parfaite connaissance des lieux peuvent seuls surmonter.

Le commerçant métropolitain désireux d'entreprendre cette concurrence avec des capitaux suffisants, — et il en faut beaucoup, — doit donc s'assurer avant tout du concours de personnes connaissant parfaitement les indigènes et les articles qui leur plaisent. C'est pourquoi la plupart des maisons mères de la métropole recrutent leur personnel colonial dans les établissements où ces agents ont appris la façon de traiter avec les indigènes. En outre, elles occupent nombre de jeunes mulâtres qui leur rendent beaucoup de services par leur connaissance des idiomes du pays et la facilité avec laquelle ils peuvent vivre à l'intérieur.

L'usage est de loger, nourrir, blanchir et éclairer les employés, qui, en débutant, sont payés de 100 à 150 francs par mois.

On voit par là que les situations ne peuvent être ni assez nombreuses ni assez lucratives pour attirer la généralité des colons vers le commerce.

Il convient cependant de rappeler l'attention de nos commerçants sur l'ivoire, trop peu exploité, que nos concurrents détournent à leur profit pendant que nous n'y portons pas attention. Nous ne profitons autant dire pas de la grande quantité d'éléphants qui se rencontrent dans le haut Sénégal, au Soudan, au Congo, dans la haute vallée du Niger.

Un fait significatif donne à penser que les défenses fournies par les animaux de ces régions sont des plus belles : en 1893, un des lieutenants de Samory, Bilali, laissa entre nos mains un butin qui contenait, entre autres, tout un stock de défenses choisies d'éléphants dont quelques-unes mesuraient deux mètres de hauteur et pesaient cinquante kilogrammes !

Or, tandis que nous ne profitons pas de l'abondance de ce précieux produit dans nos possessions, les Belges drainent l'ivoire de toutes les régions avoisinant leur Congo ; c'est ainsi qu'Anvers, devenu le principal marché de l'ivoire, en offre chaque année trois cent mille kilogrammes.

On pourrait faire des réflexions analogues à propos du commerce des plumes d'autruche. Les plus estimées du monde entier proviennent du Maroc, de l'Algérie, du Sénégal et du Soudan; pourtant, le rang qu'occupent nos importations est des plus inférieurs; nous nous sommes laissés dépouiller par les Anglais.

Alors qu'on ne connaissait l'autruche qu'à l'état de troupeaux sauvages, la chasse seule alimentait le commerce de leurs plumes. Quand on songea à les domestiquer, les premiers essais eurent lieu en France et en Algérie; mais plusieurs erreurs de direction nuisirent à la réussite industrielle de ce nouvel élevage. Au lieu de poursuivre les essais sur des bases mieux établies, nous abandonnâmes la partie. Pendant ce temps, les Anglais nous empruntèrent l'idée; ils essayèrent l'élevage dans les parties désertiques de leur colonie du Cap et réussirent à lui donner en peu d'années un essor extraordinaire. Le monopole de ce commerce, qui semblait dévolu à notre Algérie et au Sénégal, passa dans des mains étrangères. En 1865, la colonie du Cap ne possédait que quatre-vingts autruches; dix ans après, elle en avait trente-deux mille et, en 1893, deux cent mille! D'autres colonies suivent cet exemple. Aujourd'hui, le marché de Londres, où vient affluer toute cette marchandise, est le fournisseur du monde entier, bien que la plume du Cap soit de qualité tout à fait inférieure à celle de nos possessions africaines.

Il y aurait une exploitation des plus lucratives en reprenant l'élevage de l'autruche dans les espaces sablonneux de l'Afrique occidentale, dans le Sénégal et le Soudan, qui sont la patrie originaire de ce bel oiseau. L'homme y viendrait aider la nature dans des conditions de succès certain.

Bien que le climat interdise beaucoup de travaux à l'Européen, un certain nombre d'artisans pauvres de métiers sédentaires, tels que de bons cordonniers ou de bons tailleurs, auraient des chances de réussite à la condition de se contenter d'un bénéfice raisonnable. La main-d'œuvre indigène est assez habile et peu chère; il faut compter avec elle. Toutefois, ceux qui tenteraient ce genre d'établissement devront posséder quelques avances, — 2 000 ou 3 000 francs au moins, — afin de pouvoir s'installer, attendre les résultats et parer aux cas de maladie ou de chômage.

Mais le véritable avenir de ces régions est dans la mise en valeur du sol par l'agriculture, l'élevage et les produits d'extraction qui sont très abondants. Les Européens peuvent y diriger des cultures importantes dont l'essor nécessite l'intervention des sociétés financières. Il ne manque à l'Afrique occidentale, pour devenir une immense colonie agricole, que des capitaux et la confiance qui attire ces capitaux.

Les noirs, eux, ne cultivent que l'arachide pour la vendre et le mil pour se nourrir; mais, quand ils recevront de divers côtés l'impulsion voulue, leurs cultures prendront une énorme extension. Ce sol si riche est délaissé par suite de l'état de guerre perpétuel dans lequel l'ont tenu si longtemps tous les roitelets du Soudan; aujourd'hui que le calme est revenu et la paix assurée, l'indigène, qui n'entreprenait que le moins de cultures possible parce que la récolte était problématique, recommence à exploiter ses terres et à porter sur les marchés les produits de son travail.

Avec le concours de la main-d'œuvre noire, on peut cultiver l'arachide, dont le rendement est énorme et qui trouve toujours preneur dans l'industrie des conserves et pour le mélange des huiles d'olive.

Le ricin et la pourghère ou pignon d'Inde sont de bonnes plantes oléagineuses. La gomme adragante, la cire, le caoutchouc, l'indigo de qualité excellente, le coton sont des éléments de plantations ou de récoltes avantageuses. La culture du riz est appelée à un grand avenir dans les terrains qui bordent le fleuve du Sénégal et dans toute la vaste dépression connue sous le nom de lac de Guiers.

Le café réussirait sur des points bien choisis. Le tabac procurerait des bénéfices importants, surtout par une culture rationnelle et en dressant les indigènes aux soins qu'exige la plante.

Dans toute la région comprise entre Rufisque et le Saloun, sur le bord de la mer de Tivaouane, sur la ligne ferrée, le Baol et les provinees Serères, on plante beaucoup de manioc et les cultures vivrières peuvent y atteindre un développement des plus avantageux.

En présence d'une telle énumération d'entreprises profitables, on peut s'étonner à bon droit du peu de succès des tentatives faites jusqu'ici. C'est qu'elles ont été, pour la plupart, l'œuvre de gens pressés, insuffisamment préparés et dépourvus des moyens nécessaires.

Ce n'est que sur place et par une étude approfondie du pays

qu'on peut se rendre compte avec fruit des cultures à tenter. Les dépenses d'un voyage d'études ne seront jamais superflues, elles éviteront, au contraire, bien des erreurs coûteuses.

Tout d'abord, le choix des terres doit surtout fixer l'attention, soit qu'on les achète, soit qu'on en demande la concession. Dans ce dernier cas, le titre ne devient définitif qu'au bout de trois ans, si le terrain a été mis en valeur et si, quelle que soit sa destination, le concessionnaire y a planté vingt-cinq ou trente arbres fruitiers par hectare.

Il conviendra particulièrement d'assurer son alimentation en eau, car le Sénégal et ses dépendances sont privés de pluies de novembre à juin, et les cultures souffrent de la sécheresse dans les endroits non irrigables. Depuis quelques années, on a creusé un certain nombre de puits artésiens qui rendent les plus grands services; le système de puits dits instantanés se répand avec profit pour agir dans un court rayon.

Enfin le colon doit se préoccuper de la main-d'œuvre. Il pourra l'obtenir des chefs de village à bon compte, s'il est en bonnes relations avec eux. Il devra encourager les noirs à s'établir sur sa concession, à y créer des agglomérations; mais il devra leur venir en aide à cette fin. Ce sera une première dépense dont il retirera bientôt les fruits.

II. — Guinée française — Côte d'Ivoire — Dahomey

La végétation exceptionnellement développée de ces colonies les place dans des conditions sanitaires qui imposent à l'Européen un soin particulier de sa santé.

Sous l'influence du soleil brûlant et de la grande humidité, le sol exhale des miasmes nombreux dus à la grande quantité de matières végétales en décomposition. Le colon doit éviter avant tout de s'y engager, s'abstenir de sortir le soir comme avant le lever du soleil et se priver du plaisir de la chasse dans les parties marécageuses. Il doit surtout garantir les organes intestinaux de tout refroidissement et observer une abstinence sévère de l'alcool sous toutes ses formes.

Il ne saurait être question pour l'Européen d'entreprendre

aucun travail manuel. Les seules occupations auxquelles il puisse s'adonner dans ces régions tropicales sont celles qui ont trait au commerce. Elles se présentent d'ailleurs avec de nombreuses chances de succès pour tous ceux qui ont l'organisation et les ressources voulues. La Guinée est dans une phase de superbe développement, qui s'accroîtra merveilleusement quand le chemin de fer entrepris de Konakry au Haut-Niger pourra fonctionner. Déjà, la simple route de terre qui va de Konakry vers l'intérieur a suffi pour donner à notre colonie un tel essor commercial, qu'elle subvient, avec ses propres ressources, à tous ses services administratifs et qu'elle a pu, sans secours de l'État, construire la voie ferrée qui va lui ouvrir la riche région de Fouta-Djallon.

Les mêmes observations s'appliquent à la Côte d'Ivoire, portée aussi depuis peu vers un brillant avenir commercial. Là, également, les grands travaux qu'on y exécute, — le port d'Abidjean et la ligne ferrée vers Kong, — sont pleins de promesses et d'encouragements pour les hommes qui ne redoutent pas les pays neufs, c'est-à-dire nouvellement pacifiés, quoique notre colonie de la Côte d'Ivoire soit un de nos plus anciens établissements du golfe de Guinée.

Nous en pouvons dire autant du Dahomey, dont la pénétration commerciale s'accentue chaque jour et se complétera par la construction de la ligne de fer qui doit atteindre Nikki.

Qu'il s'agisse de la Guinée, de la Côte d'Ivoire ou du Dahomey, la situation est la même au point de vue colonial. Il ne faut songer à ces contrées que pour demander aux indigènes leurs bois, leur caoutchouc, leur poivre gris et les autres produits extractifs qu'ils peuvent seuls nous procurer, et pour leur fournir en échange des marchandises d'usage.

III. — Le Congo — le Haut-Congo — la Sangha — l'Oubanghi

Au point de vue sanitaire, il n'y a que des différences insensibles entre ces contrées, selon que le colon est fixé à une altitude différente et sur un point plus ou moins sec.

Plus que partout ailleurs il lui faut observer les règles d'hygiène qu'imposent les régions tropicales.

De grands efforts sont faits pour mettre en valeur les immenses étendues qui composent cette partie de notre domaine colonial. Pendant longtemps nos forces ont dû se porter sur la délimitation exacte des contrées; nous avons dû lutter contre l'envahissement de voisins entreprenants et peu scrupuleux; il a fallu débattre les intérêts nationaux avec des concurrents que notre extension chagrinait et sauvegarder par une habile diplomatie les conquêtes de nos explorateurs. La France tenait à rester dans son bon droit sans user de violence. Cette politique prudente a nécessairement demandé beaucoup de temps et retardé la mise en valeur de nos territoires congolais pendant que nos voisins, les Belges, moins soucieux que nous du bien d'autrui, se répandaient dans le centre africain sans se laisser arrêter par aucune considération.

Cependant un moment est venu où, sous peine de paraître abandonner nos acquisitions, il a fallu prendre de sérieuses décisions. La nature de ces régions ne se prêtant point à la colonisation individuelle, on a été conduit à accorder de grandes concessions afin de pouvoir opposer à des prétentions injustifiées des droits d'occupants. C'est ainsi que des centaines de mille d'hectares ont été affectés, sous des conditions dont l'étude sort de notre cadre, à de grandes sociétés, on pourrait dire à de grandes compagnies de colonisation, qui se trouvent pourvues de privilèges étendus, voire même de monopoles de fait.

Il n'y a donc, de ce côté, que des situations hiérarchiques dans ces sociétés à espérer pour les colons que le séjour en Afrique occidentale pourrait séduire. Tout y est encore à l'état d'organisation, tant du côté de l'État que du côté des concessionnaires.

Il faut, toutefois, faire remarquer l'importance des efforts entrepris : deux lignes de chemin de fer devant relier la côte à l'intérieur, l'une de Loango à Brazzaville, l'autre aboutissant à la Sangha; des routes ouvertes ou s'ouvrant sur divers points; des lignes de vapeurs sur des voies navigables; une organisation rationnelle de l'agriculture; des jardins et des champs d'expérience fixant les méthodes et les cultures avantageuses; une réglementation de la récolte des produits d'extraction et des mesures de protection de nos richesses forestières.

Tout cela prépare ou réserve l'avenir et fait bien augurer des profits tardifs que nous pouvons espérer tant du Congo que de ses territoires voisins dont l'étendue est égale à trois fois celle de la France.

Mais si vastes que soient les concessions accordées aux grandes compagnies, il reste encore d'énormes surfaces disponibles; le gouvernement a sagement pensé qu'à côté de ces grandes entreprises, formant pour ainsi dire l'ossature de la colonisation, il y avait lieu de ménager une transition entre la grande et la petite colonisation, qui ne peut manquer de s'implanter un jour ou l'autre de la même façon que, dans ces régions au soleil brûlant, les petites cultures viennent s'abriter sous les hauts et puissants végétaux.

On a tenu à ce que les efforts de moindre envergure puissent s'exercer librement. On a récemment pourvu aux besoins de ce qu'on peut judicieusement dénommer la moyenne colonisation, en allotissant par concession de cinq mille à dix mille hectares les terrains domaniaux des régions côtières. C'est une colonisation immédiate et effective, par voie de plantations et d'établissements industriels et commerciaux, à proximité des grands centres de débouchés des produits indigènes.

On espère obtenir ainsi des résultats basés sur la culture du cacao, très productif dans la région du Congo et dans celle de l'Ogooué, du café qui y rencontre des terrains prospères, sur la récolte et l'aménagement des lianes et des végétaux à caoutchouc qui forme à l'heure présente le plus clair de nos exportations, enfin sur l'acclimatement et la propagation des plantes donnant la gutta-percha dont le rendement promet de magnifiques résultats.

Mais, encore une fois, tout cela ne présente jusqu'ici rien à la petite colonisation; son heure n'est pas venue; ce serait une grave erreur de vouloir, dès maintenant, sortir des emplois que peuvent procurer les opérations de troc et de commerce ou l'organisation de cultures tropicales.

NOS COLONIES DE PLANTATIONS

On pourrait aussi bien désigner ce genre de colonies par le nom de colonies mixtes ou par celui de colonies à cultures riches. Ce sont des régions qui participent au climat équatorial et qui offrent néanmoins, sur certains points privilégiés, des contrées où l'Européen peut se livrer partiellement aux travaux de la terre. Hâtons-nous d'apporter un correctif nécessaire : ces localités favorisées, où l'on retrouve le climat d'Europe, sont rares, ne sont pas encore en état d'exploitation et se trouvent en dehors des communications faciles. Ce sont des stations d'avenir; il serait imprudent d'escompter dès maintenant leurs avantages et de les considérer autrement que comme des exceptions.

La généralité des terres de ces colonies dites de plantation est sous un climat chaud, uniformément chaud, ne connaissant l'hiver que par un léger abaissement de température. Cette constante élévation de température, avec la qualité supérieure du sol, constitue précisément le caractère qui désigne ces régions à des cultures spéciales, dites cultures riches, comprenant le thé, le cacao, la cannelle, le tabac, le caoutchouc, etc., nécessitant de fortes avances et une main-d'œuvre coûteuse, mais fournissant en revanche des produits d'un prix élevé et très rémunérateur.

Celles de nos possessions qui réunissent ces conditions sont presque toutes dans la presqu'île indo-chinoise. Comme colonies appartenant à la France, nous nommerons la Cochinchine et le Tonkin; comme pays de protectorat, ce sont l'Annam et le Cambodge avec ses dépendances laotiennes.

Nous ne parlerons que pour mémoire de l'Inde française dont le climat la range dans cette catégorie; mais le peu d'étendue de nos établissements dans ces régions et leur régime économique les placent en dehors de toute classification. Elles ne sont point et ne peuvent être des points de colonisation.

En dehors de l'Indo-Chine, nous possédons encore, comme colonies de plantation : l'île de la Réunion, dans la mer des Indes; en Amérique, la Guyane et nos colonies des Antilles, dont la Martinique et la Guadeloupe sont les plus connues.

Ces diverses possessions sont en quelque sorte des colonies mixtes, parce que, très souvent, les régions qui les composent renferment à la fois de vastes espaces où l'exploitation des forêts et des mines est seule possible, et des territoires couverts d'une population compacte, adonnée principalement à l'agriculture et à l'élevage. La fertilité du sol et les conditions économiques de la main-d'œuvre permettent à des colons isolés, pourvus des ressources suffisantes, d'entreprendre des cultures riches de moyenne étendue.

Un émigrant instruit de son métier, muni d'argent, peut réussir dans une exploitation où il utilisera les ouvriers indigènes. Il n'est point forcé, ainsi que dans les colonies dites d'exploitation, d'opérer sur les larges bases qu'une société puissante est seule capable de présenter.

Les colonies de ce genre ne sont pas encore des colonies de peuplement, mais elles s'y acheminent, sous certaines conditions de prudence, de ressources et d'hygiène qui, bien observées, leur assureront plus tard une population de planteurs nombreux.

L'expérience a prononcé sur leur valeur. Après de longs tâtonnements, elles sont enfin sorties du régime de défaveur dans lequel les circonstances et l'opinion les avaient placées. Les hésitations de la première époque disparaissent peu à peu et d'une façon assez sensible, qui se manifeste par les demandes de concessions chaque jour plus nombreuses, par l'arrivée plus fréquente de nouveaux colons et par une variété encourageante d'établissements.

Là encore, le nouvel arrivant ne peut songer à d'autres besognes qu'à celles touchant à l'agriculture. Celui qui voudrait se lancer dans les opérations commerciales se heurterait à des maisons anciennes et puissantes qui ne se laisseraient pas dépouiller de situations péniblement acquises. Ces maisons européennes ont soin, d'ailleurs, de recruter un personnel tout spécialement préparé pour les opérations difficiles de ces régions. Le nouveau venu rencontrerait surtout de terribles concurrents dans les commerçants chinois qui ont des aptitudes merveilleuses pour le négoce et savent se contenter de profits dont un Européen ne pourrait vivre.

L'Indo-Chine — La Cochinchine — Le Tonkin — L'Annam — Le Cambodge

Après avoir été la plus décriée peut-être de nos possessions, l'Indo-Chine est en train de reprendre faveur. On a fini par s'apercevoir que son climat n'était pas plus pernicieux que celui de beaucoup d'autres pays analogues, mais que les conditions hygiéniques déplorables de l'installation à l'arrivée, ainsi que leur maintien trop prolongé, avaient eu le plus fâcheux retentissement sur la santé publique. De là, dans l'esprit public, une opinion foncièrement défavorable. A partir du jour où l'administration, trop longtemps sommeillante, eut commencé le travail d'assainissement des agglomérations, la situation s'est promptement améliorée. Aujourd'hui, l'Indo-Chine n'est plus la région qui méritait le sinistre surnom de *cimetière des Européens*. Les personnes qui observent les prescriptions indiquées par l'expérience et la sagesse résistent parfaitement aux inconvénients du climat, — car l'amélioration de l'hygiène ne signifie pas suppression absolue des conséquences du climat. On a même remarqué que les gens à occupation sédentaire y étaient plus sujets que les personnes menant en plein air une vie active, ce qui est un encouragement pour les futurs colons. Beaucoup de planteurs, qui n'ont point quitté l'Indo-Chine depuis de longues années, ont une santé toujours florissante. Néanmoins, ceux-là sont l'exception; peu de personnes échappent complètement aux influences climatériques, et la prudence exige d'aller se retremper de temps à autre dans l'atmosphère natale.

Notre empire d'Indo-Chine s'est révélé plein de richesses et susceptible d'offrir des débouchés nombreux et variés à ceux qui ne redoutent pas l'éloignement et le travail.

Les colons commerçants peuvent s'y créer des situations avantageuses, pourvu qu'ils soient convenablement préparés à la lutte contre les négociants chinois qui ont une longue pratique de ces régions. Toutefois, l'avenir appartient incontestablement aux colons agricoles, car l'Indo-Chine est un pays apte à la culture et surtout aux cultures riches. La situation a été comprise ainsi, grâce aux efforts de l'administration, au concours des amis de la colonisation, aux renseignements puisés à bonne source. Les demandes de concessions augmentent sans cesse, le nombre des colons s'accroît heureusement; leur qualité s'améliore d'une façon évidente, ils sont mieux éclairés et mieux pourvus que leurs prédécesseurs.

D'une façon générale, l'Indo-Chine se compose de trois zones distinctes : la partie basse, la région des plateaux et la montagne.

La partie basse se compose, pour la Cochinchine et le Tonkin, des deltas des fleuves dont les terres ont été envahies par la population indigène, compacte et industrieuse. En Annam, la population est condensée sur la bande étroite et fertile comprise entre la mer et la chaîne annamitique. Il n'y a, dans ces régions, rien ou presque rien à faire pour les Européens.

La région des plateaux, composée de mamelons peu élevés et de plaines, est la plus favorable à l'établissement de nouveaux colons. L'espace n'y manque pas; le sol et le climat se prêtent à des opérations fructueuses et variées, mais la population y est clairsemée et constitue, à raison de son éloignement, une difficulté dont il faut tenir compte.

La zone montagneuse est plus libre encore de toute entrave. Elle est riche en herbages, riche en forêts, riche en mines, mais elle est presque déserte ou habitée par des populations sauvages et douces. C'est une partie essentiellement propice à l'élevage et à laquelle l'avenir réserve les plus prospères périodes.

Qu'il choisisse les plateaux ou la montagne, l'émigrant devra arriver au commencement de novembre, alors que la température est celle de France; il a ainsi cinq mois pour s'acclimater avant les chaleurs et pour s'occuper de sa concession. En outre, la traversée est plus agréable pendant la mousson du nord-ouest.

Avant le départ, le colon devra se renseigner, à l'Office colonial du ministère des colonies, des conditions dans lesquelles il faut organiser son exploitation future. A la section de l'Indo-Chine, il rencontrera un état des concessions libres de la colonie, le nom des lieux et les surfaces de la concession; une notice spéciale lui dira la nature du terrain et des récoltes, le climat, le prix de la main-d'œuvre, celui des animaux et des instruments de culture, ainsi que l'évaluation des capitaux nécessaires à la mise en valeur.

Tonkin. — La rue Francis-Garnier à Hanoï.

Il y connaîtra également les avantages spéciaux que le gouvernement peut avoir accordés et les modes de transport les plus avantageux pour y accéder.

Quand il débarquera, soit à Hanoï, soit à Tourane, soit à Saïgon, il pourra s'adresser au *Syndicat des Planteurs*, association qui se met à sa disposition pour lui faciliter l'étude sur place des cultures qui ne lui sont pas familières. En tous cas, le premier souci de tout nouvel arrivant prudent sera de faire un stage de quelques mois chez un colon expérimenté, avec lequel il aura préalablement correspondu à cet effet.

Si le nouveau colon le désire, il peut, en attendant sa récolte, se faire délivrer des vivres par le poste le plus voisin du service administratif, sur une autorisation du résident de la province et moyennant remboursement mensuel.

On a fait avec succès appel aux militaires libérables pour assurer aux planteurs les auxiliaires européens indispensables à la bonne marche des exploitations.

A côté de cette catégorie de nouveaux colons se rencontrent maintenant des commerçants et des fonctionnaires qui exploitent une concession concurremment avec leur commerce ou le service public dont ils sont chargés. Ce détail est caractéristique de la faveur dont jouit l'agriculture aux yeux de nos compatriotes établis en Indo-Chine.

Séduits par certains succès partiels dus à un heureux concours de circonstances, bien des gens se sont imaginé qu'avec un peu de bonne volonté et quelques petits capitaux, ils pouvaient réaliser leurs rêves de fortune. Il ne faut pas s'illusionner : ce qu'en langage colonial on appelle le colon à 5000 francs, n'a aucune chance de réussite en Indo-Chine. Celui qui sait faire la culture maraîchère, qui peut la faire dans le voisinage des villes où se trouve une agglomération européenne, pourra réunir quelques chances de gain élevé, mais à la condition de travailler lui-même, de vivre avec la sobriété des gens de race jaune, de n'être jamais malade et de ne subir aucun sinistre atmosphérique. Autant dire de suite que cela est impossible, tant la réunion de toutes ces conditions est presque irréalisable.

L'expérience apprend qu'il faut un capital minimum de 15000 à 20000 francs pour entreprendre la mise en valeur d'une concession moyenne sur laquelle on fera de la culture courante, à rendement immédiat. Si l'on aborde les cultures dites riches, la proportion des avances nécessaires est bien plus élevée. Les bénéfices de celles-ci sont à longue échéance : caféier, poivrier, cocotier, aréquier, théier, badianier, chanvre de Manille, espèces à caoutchouc, etc., ne donnent un premier intérêt du capital engagé, qu'après un laps de temps variant de cinq à dix ans.

Les cultures dites pauvres : riz, légumes, textiles, ricin, manioc, plantes fourragères, ne peuvent se pratiquer fructueusement que sur des étendues inaccessibles au petit capital.

Il faut encore, en prévision d'une calamité, garder une réserve d'argent et ne pas engager tout son capital, afin de parer aux dangers d'un premier échec. Si les fonds sont déjà insuffisants, quelle réserve pourrait-on y prélever?

Le colon susceptible d'aborder ce genre de concession est rare, parce que, pour réussir, il lui faut, outre les 15000 ou 20000 francs indispensables, des connaissances pratiques qui ne se rencontrent que chez le cultivateur de profession. Or, le cultivateur français qui possède un capital de cette importance ne colonise pas; il n'a pas le goût des aventures.

Les possesseurs de pareilles ressources qui émigrent sont des fils de la moyenne et de la petite bourgeoisie. Leur éducation, leurs goûts, leurs habitudes, en font des gens peut-être plus intelligents, mais aussi plus exigeants et moins producteurs que le campagnard. Il leur faudra, toutes choses égales d'ailleurs, beaucoup plus de capitaux.

L'expérience a démontré que les colons de cette catégorie doivent posséder environ 50000 francs pour réussir, et encore sous la condition, rigoureusement remplie, qu'une forte partie, — la moitié au moins, — servira de réserve, car il est prouvé que le capital engagé au début n'est jamais que la moitié ou le tiers de celui qui sera, qui *devra* être engagé plus tard, dans un délai de trois à cinq ans. Il faut agir comme si l'on ne possédait que la moitié ou le tiers de cette somme, parce que, soit erreur de calcul au début, soit irrésistible ambition à laquelle tous succombent, les devis sont toujours dépassés dès la troisième année.

Celui qui possède assez de sagesse pour éviter cet écueil devra s'adonner surtout aux cultures dont les produits ont un écoulement assuré. Or, en l'état actuel, la seule culture qui ait reçu un développement important est celle du riz, à laquelle s'adonne presque exclusivement la population indigène.

Le riz est la base de la nourriture de la race jaune; rarement l'Indo-Chine en produit suffisamment pour sa consommation, plus rarement encore elle en exporte. Il n'y a pas à redouter la mévente qui atteint souvent les produits riches; le développement des rizières est donc une nécessité pour ces régions.

En même temps, il convient d'échapper aux inconvénients de la *monoculture* qui met le pays à la merci d'une mauvaise récolte. Il faut pour cela associer à cette culture fondamentale celle de plantations à longue échéance, ou cultures riches, telles que le café, le thé, etc., et celles de plantes industrielles, comme le tabac, le jute, le coton, etc.

C'est au discernement du colon qu'il appartient de déterminer sur place celles de ces plantations qui lui paraîtront susceptibles des meilleurs rendements, étant données les ressources dont il dispose, la région où il opère, la main-d'œuvre à sa disposition, en un mot l'ensemble des conditions où il se trouve.

Un point toutefois est dominant, c'est, — nous le répétons, — que le colon doit, dès le début, faire porter ses efforts sur la production du riz. Avec les profits immédiats de cette culture, il pourra, sans grands risques, se livrer à des expériences de cultures industrielles, puis à des plantations d'avenir.

Aussitôt après les rizières, il convient de signaler les cultures maraîchères de France, qui viennent très bien, sont assurées d'un beau profit et d'un écoulement rapide.

Parmi les cultures industrielles, le coton occupe une bonne place parce qu'il est très recherché par les Chinois et par les Japonais.

Vient ensuite le tabac, qui donne deux récoltes par an, mais est d'un rendement plus aléatoire, parce que, pour rendre son plein effet, la culture du tabac doit être faite sur une vaste échelle qui nécessite une organisation scientifique et industrielle coûteuse. Il n'y a point, en Indo-Chine, de fabriques de tabac assurant au petit récoltant l'achat de ses produits.

Différentes graines oléagineuses, notamment le ricin, donnent des produits appréciés pour le graissage, pour la pharmacie et pour l'extraction des parfums. Au Tonkin, l'huile siccative de bancoulier constitue un produit d'un bon placement.

On peut encore cultiver l'ananas, en vue de l'exportation des fruits comme en vue de la distillation, la cardamone, dont l'emploi en teinture est très important et le produit considérable.

Le maïs, le manioc, l'arrow-root, le sagou et les plantes fournissant de la fécule sont des cultures à conseiller, parce que l'industrie emploie des quantités de plus en plus grandes de matières amylacées.

Quant aux cultures riches, c'est-à-dire les plantations de café, de cacao, de thé, de poivre, de vanille, qui demandent des soins minutieux et prolongés avant la récolte, il faut procéder avec une extrême prudence, parce que, faute de réunir toutes les conditions réclamées par ces cultures, on court au-devant d'un éclatant échec. Un matériel industriel coûteux, comprenant des séchoirs, appareils divers, sont en outre nécessaires et rendent ces cultures abordables seulement à de grandes entreprises quand on en fait la base de ses opérations. Dans d'autres conditions, elles ne peuvent constituer que des opérations accessoires auxquelles il ne faut se livrer qu'en connaissance de cause.

C'est ainsi que la culture du café, pour laquelle on s'est pris d'engouement dans nos possessions d'Indo-Chine, n'est pas encore assurée en Cochinchine et qu'elle est douteuse au Tonkin, tant elle y présente d'aléa; par contre, elle semble mieux réussir en Annam.

Le thé est une des meilleures cultures à conseiller, surtout en Annam, où il a été introduit par nos missionnaires auxquels la contrée est redevable de ce riche produit.

Il est encore bien d'autres exploitations accessibles à l'industrie de nos colons, mais celle qui présente les plus engageants résultats est la récolte du caoutchouc, dont la Cochinchine, le Laos et le Cambodge possèdent de nombreux sujets. Ces pays sont l'habitat de variétés de végétaux gommifères très riches. Leur récolte a pris une importance considérable qui n'est pas près de diminuer. D'autre part, des planteurs avisés ont multiplié sur de grandes étendues les lianes et les arbres à latex, ce qui assure pour l'avenir une production qui sera, pendant longtemps encore, au-dessous des besoins croissants de l'industrie.

En résumé, quels que soient ses projets d'avenir, le nouvel arrivant devra tout d'abord éviter les expériences coûteuses et s'en tenir aux cultures locales ; celles du riz, du thé, de la canne à

Village tonkinois.

sucre, de la badiane, du pavot à opium, du tabac, du ricin, de la cassie, du bancoulier, du manioc, du maïs, etc.

A côté des cultures, l'élevage offre aussi à des colons un vaste champ d'action et de larges profits, parce que les débouchés sont abondants en Indo-Chine. Il y a de vastes espaces éminemment propices à l'industrie de l'élevage, et l'on peut dire, sans être taxé d'exagération, que l'élevage du porc et du bœuf particulièrement feront sûrement la fortune de ceux qui voudront s'y adonner en y apportant les soins et la compétence nécessaires.

Que le colon se livre à la culture ou à l'élevage, il aura grandement à compter avec l'indigène, qui peut seul lui fournir dans des conditions convenables la main-d'œuvre nécessaire.

Les Annamites sont très doux et très faciles à diriger; ils apprennent très facilement la culture, le maniement des machines, et sans déployer aucun effort musculaire produisent par la répétition incessante de leur mouvement un travail convenable. Il faut user de beaucoup de douceur envers eux, les payer régulièrement, ne jamais employer de procédés injustes. Tout cela est une cause essentielle de succès.

Il est également indispensable, pour ses relations avec son personnel, que le colon acquière la connaissance de la langue annamite.

Dans toute exploitation bien réglée il faut avoir des travailleurs fixes et des travailleurs supplémentaires ou coolies, qui sont tirés des villages voisins par l'intermédiaire des autorités indigène communales et cantonales.

L'administration donne des facilités pour le recrutement des coolies; en outre, les ouvriers agricoles employés d'une façon stable sur les concessions européennes sont exonérés de la réquisition de corvée qui pèse si lourdement sur la population indigènes.

Le personnel se nourrit lui-même avec son salaire.

Il convient de faire remarquer que la main-d'œuvre indigène n'est réellement bon marché qu'à la tâche et s'abaisse alors à la moitié du prix qu'on paie en Europe pour les travaux de déboisement, de terrassement, de plantation, de transport; pour toutes les autres opérations, si l'on tient compte du faible rendement de l'Annamite et de la qualité de son travail, son concours est à un prix à peu près égal à celui de nos ouvriers.

Un système avantageux, dont la pratique se répand avec raison de plus en plus, consiste à introduire le métayage dans les concessions nouvelles. Comme nous l'avons dit, la base presque obligatoire de toute exploitation étant la culture hâtive et surtout celle du riz, les colons ont tout intérêt à s'adjoindre des cultivateurs annamites à titre de métayers. Ils s'installent à demeure sur la concession, y créent des villages et constituent en même temps des groupes de travailleurs et de consommateurs pour les produits du propriétaire.

Ce dernier fournit au métayer, sous la garantie des chefs de village ou de canton, les avances nécessaires en buffles, en semences, en engrais et en matériel pour l'établissement des rizières.

Cette façon d'opérer est la plus profitable et garantit le mieux le colon contre les erreurs de début. Toute la difficulté consiste à attirer sur la concession des groupes d'indigènes; mais avec un peu d'entente et d'adresse on y arrive fort bien. Les premiers groupes en attirent d'autres au grand profit des uns et des autres.

Une famille de métayers, composée en moyenne de six personnes, peut entreprendre la culture de trois hectares de rizières, pour laquelle une avance de 1 000 francs environ est nécessaire. Le colon fait son contrat à l'amiable, généralement sur les bases suivantes : un tiers au propriétaire, un tiers au métayer, un tiers pour l'amortissement des avances qui doivent être remboursées à la fin de la troisième année. D'autres planteurs partagent par moitié; mais alors le propriétaire fournit la semence et les animaux, les métayers apportent le matériel, soignent et nourrissent les buffles.

En ne tenant compte que de leur dégré de fertilité on pourrait classer ainsi nos territoires d'Indo-Chine : l'Annam et le Cambodge, ensuite le Tonkin, enfin la Cochinchine.

II. — La Réunion

C'est une de nos plus belles colonies, belle par le climat et par ses ressources naturelles. Elle est pourtant, hélas! une de nos moins productives, alors qu'elle devrait être un des joyaux de notre écrin colonial.

Depuis de longues années déjà, elle souffre d'une crise économique causée, — il faut le dire courageusement, — par l'imprévoyance de ses planteurs. La politique, la fâcheuse politique, s'est introduite à la suite des souffrances éprouvées, elle entretient un état de choses bien nuisible.

Il y a un peu plus de trente ans, la plantation de la canne à sucre fit fureur à la Réunion, parce qu'elle y apportait la fortune; cet engouement modifia alors profondément la condition économique de l'île. Elle entraîna la destruction des plantations de café et de girofle existantes, ainsi que de forêts entières d'essences précieuses. Si l'on n'y avait mis bon ordre par une législation sévère en matière forestière et libéralement reboisé l'île, la Réunion aurait été bien vite totalement dénudée.

La baisse du sucre et la concurrence de la betterave se sont fait lourdement sentir à la Réunion comme aux Antilles; tandis que quelques planteurs comprenaient la nécessité de demander à d'autres cultures des produits rémunérateurs, la majeure partie s'est obstinée dans une industrie tombée et n'a pu éviter la ruine ou s'en relever.

La main-d'œuvre, autrefois abondante grâce aux engagements de coolies indiens, est devenue rare par suite de l'interdiction d'émigrer édictée par le gouvernement anglais. On a tenté de demander des bras à notre nouvelle conquête de Madagascar; on s'est adressé à la race annamite; finalement, on préfère les travailleurs importés de Java parce qu'ils connaissent la culture du café, laquelle est en train de reprendre la faveur dont elle jouissait il y a plus d'un demi-siècle.

C'est indiquer immédiatement qu'en raison de son climat, la Réunion est avant tout une colonie de plantation. L'Européen ne peut s'y adonner aux travaux des champs; il y est en nombre plus que suffisant pour tenir les emplois auxquels il est apte. Comme il n'y a que peu ou pas de terres disponibles, le petit colon n'a aucune chance de réussite. Il ne peut s'y trouver de position coloniale que pour ceux qui disposent d'assez de capitaux pour joindre, à titre secondaire, les cultures riches à celle de la canne à sucre.

S'il dispose de ressources suffisantes pour attendre durant quelques années le rendement de ses plantations, le planteur de moindre importance peut toutefois entreprendre la culture du manioc, des produits maraîchers, accessoirement celle de la vanille qui est très profitable, du café, du tabac, dont le placement est assuré, de diverses plantes à essence pour la parfumerie, telles que le géranium, le patchouli, l'ylang-ylang, etc.

Une exploitation bien conduite à la Réunion peut subvenir à peu près à tous les besoins de ses habitants, gens et animaux; et pour peu qu'elle avoisine une bonne voie de transport, route ou chemin de fer, elle peut réaliser de beaux bénéfices par l'écoulement de ses produits maraîchers.

L'île se relèvera certainement de son état de langueur, mais ce sera par l'effort de ses habitants, non par l'appoint que pourraient lui apporter des colons nouveaux.

III. — Les Antilles — La Guadeloupe — La Martinique

Colonies aussi belles au moins que la Réunion, nos colonies des Antilles ont souffert des mêmes maux, mais elles ont réagi avec moins de vigueur contre la crise qui les a atteintes.

Leur décadence est en partie due à l'ignorance et à l'insouciance des cultivateurs qui s'entêtent à se consacrer entièrement à la culture de la canne, malgré les résultats désastreux qu'ils obtiennent, qui négligent même de récolter les produits spontanés de leur sol. Plusieurs de ces produits ne demandent aucun soin, tels le cannelier, le muscadier, le rocouyer, le ricin, qui atteignent cependant en Europe des prix élevés; mais, aux yeux des indigènes peu clairvoyants, ils ont le défaut de ne réclamer que le tiers ou le quart de la main-d'œuvre demandée par la canne à sucre. Dès lors, ils sont classés par la population comme nuisibles à la canne et répudiés par les travailleurs des champs qu'ils n'occupent pas en aussi grand nombre.

Il semble donc, à première vue, que ces terres si fertiles doivent être âprement disputées par le colon européen. Il n'en est rien, parce que, d'une part, le blanc ne peut fournir qu'une petite somme de travail agricole, et, d'autre part, la main-d'œuvre est aux Antilles un des gros problèmes imposés à la culture. Depuis qu'il est émancipé, le nègre de nos colonies ne travaille plus qu'à ses heures. Il a gardé l'imprévoyance de sa race, et du contact prolongé des blancs il a acquis surtout une somme plus considérable de défauts; à ses vices propres il a joint ceux de ses maîtres, ce qui ne constitue pas un ensemble moral avantageux.

La main-d'œuvre du nègre colonial et celle des dérivés de ses alliances étant aléatoires, on y a suppléé pendant longtemps au moyen de l'immigration indienne; puis, celle-ci ayant été supprimée, on a essayé tour à tour des Chinois, des indigènes de la côte africaine occidentale et orientale, puis des Annamites et des insulaires des Nouvelles-Hébrides. Chacune de ces catégories de travailleurs a ses bons et ses mauvais côtés, mais on semble s'accommoder mieux des Annamites et des Néo-Hébridais ; toutefois, le travail des uns et des autres est coûteux, à cause des frais élevés de leur importation.

Pour ces diverses raisons, le travailleur européen ne trouve pas aisément une source de fortune dans nos vieilles colonies, malgré leurs incontestables richesses.

Ce n'est pas à dire cependant qu'il n'y ait rien à faire pour nos colons. Il y a, au contraire, pour un homme actif et pourvu de ressources, de belles situations à acquérir, en se livrant aux cultures secondaires ou riches du cacao, du café, du coton, de la vanille, du tabac surtout et des épices. S'il peut disposer d'un capital variant de 50000 à 100000 francs, il est assuré de réussir dans son exploitation. Il peut même espérer recevoir une concession ; quoique peu nombreuses, il existe encore des terres libres dans nos Antilles.

Si le colon redoute les aléas de la culture, il peut s'adonner fructueusement à l'exploitation des bois précieux qui peuplent l'intérieur et qui demeurent inexploités faute de routes. Il en obtiendra aisément la concession en s'obligeant à établir des chemins. Cette condition constitue à elle seule la plus grosse part des frais qu'il aura à supporter.

IV. — La Guyane

Ce nom sonne mal à nos oreilles françaises. Cayenne évoque immédiatement la vision d'un pays uniquement peuplé de criminels; on s'attend volontiers à n'y rencontrer que des bandes de forçats traînant leur chaîne.

Il n'en est rien, heureusement; la réalité n'est point aussi répugnante que la fait notre imagination. La Guyane vaut mieux que sa déplorable réputation; elle aurait même pu aisément tirer sa prospérité de ce qui fait son mal, si l'administration pénitentiaire avait eu le sentiment de la situation. Partout, d'ailleurs, où nos lois mal faites lui en ont laissé le pouvoir, cette administration a fait peser sur nos colonies tout le poids de la déportation, sans paraître s'apercevoir qu'il eût fallu, au contraire, le leur alléger en employant la main-d'œuvre pénale à leur développement.

Le climat de la Guyane est la chaleur unie à l'humidité; cependant la température moyenne n'en est pas très élevée; malgré sa réputation imméritée d'insalubrité, le climat est généralement sain. Il faut éviter soigneusement, après la saison des pluies, de se trouver sous le vent rapproché des amas d'eau stagnante; c'est l'évaporation de ces eaux chargées de matières végétales décomposées qui développe les maladies.

Cinq mois d'été, de juin à novembre, et sept mois de pluies ou hivernage constituent les saisons de la Guyane.

L'acclimatement de l'Européen y est en somme facile, pour peu qu'il use de précautions hygiéniques, surtout durant la première année. Une nourriture saine et fortifiante prise avec modération, la privation de spiritueux, une grande réserve dans la consommation des fruits verts, l'absence d'excès de tout genre, un travail corporel modéré, un abri bien clos contre les rayons du soleil et contre la fraîcheur des nuits, quelques distractions, une grande propreté, tel est le régime recommandé.

Si, sachant cela, l'émigrant a choisi le mois de février pour son arrivée, il aura devant lui toute la saison des pluies pour s'aguerrir contre les chaleurs de l'été.

Sans avances suffisantes, le petit colon lui-même ne doit point songer à s'établir à la Guyane, malgré la certitude qu'il aurait de pouvoir récolter promptement les produits de son travail. La colonie se fournissant elle-même incomplètement de ses vivres de première nécessité, celui qui apporte sur les marchés des bananes, du manioc, des patates, des ignames, des légumes d'Europe, place avantageusement ses produits. Mais ces cultures, dites cultures pauvres, pour être bien rémunératrices, doivent être pratiquées sur une certaine étendue dépassant les forces personnelles du colon et aussi ses moyens financiers. Le petit colon, c'est-à-dire celui qui doit tout obtenir du travail de ses bras, ne se trouverait donc pas en bonne situation pour réussir.

Il en est à la Guyane de même que partout ailleurs, la terre veut des avances; elle en exige plus ou moins, mais elle en exige toujours.

Si le petit colon trouve difficilement sa place à la Guyane, par contre le moyen et le grand colon y ont la leur tout indiquée. Les terres abondent et sont fertiles, les cultures tropicales et subtropicales y réussissent admirablement, des contrées entières sont composées de savanes formant de splendides centres d'élevage en tout semblables aux merveilleux *llanos* du Vénézuela et de la Colombie.

Le régime de concession des terres est assez élastique pour se prêter à bien des combinaisons ménageant le capital de l'exploitant; les concessions destinées à l'élevage sont plus faciles encore, car l'administration donne gratuitement l'*usage* des terrains destinés à cette industrie.

Nous ne parlerons pas du colon pourvu de ressources suffisantes pour aborder tel genre d'exploitation qu'il lui plaît; il est assuré de la réussite s'il a les moyens et les connaissances convenables. La culture à grand rendement immédiat, les cultures riches des tropiques, l'exploitation forestière, l'élevage, lui fournissent des éléments inépuisables.

Le colon qui nous intéresse le plus, le colon qui, avec des capitaux limités, peut néanmoins se créer une belle situation, est celui qui a les meilleures chances de réussite à la Guyane. Celui qui ne possède qu'une dizaine de mille francs doit s'attacher de préférence à la culture maraîchère. Les maraîchers sont très rares à Cayenne et les procédés de culture primitifs. Avec l'application des méthodes européennes, des colons actifs seraient sûrs du succès.

Les légumes de France prospèrent, en même temps que les nombreuses racines du pays sont d'un rapport excellent. Les arbres à fruits cultivés avec soin, c'est-à-dire taillés et greffés, rendraient dix fois plus.

Si le colon veut aborder des cultures plus importantes, s'il peut disposer d'environ 100000 francs, il réussira certainement en s'adonnant aux cultures vivrières, bananes, sagou, manioc, patates, etc., dans lesquelles il intercalera successivement et en proportions sagement étudiées des plantations riches, savoir : le vanillier, le caoutchoutier, le cacaoyer, le caféier, le cocotier, l'indigotier, le rocou, le cannelier, le giroflier et les autres arbustes à épices.

Puisque cette colonie tant décriée présente de telles chances de succès, on est dès lors amené tout naturellement à demander pourquoi elle est si délaissée.

La réponse est fort simple. La Guyane a deux ennemis : la transportation et les mines d'or.

La transportation par elle-même détourne les émigrants. Il est inutile d'insister; on ne recherche pas d'habitude un milieu contaminé par la présence des criminels.

Les mines d'or font le malheur de la Guyane, parce que le gain facile attire toujours davantage que le travail assidu. Les mines d'or ont, surtout depuis quelques années, donné des résultats tellement brillants qu'une nuée de chercheurs accourus des quatre coins de l'Amérique s'est abattue sur la colonie. Non seulement cette immigration subite a occasionné une crise économique grave, mais elle a grossi la population d'une foule d'aventuriers qui, après quelques semaines de travail aux mines, viennent à Cayenne et dans les villes dépenser leur gain en plaisirs grossiers; ils ne contribuent en aucune façon à relever ni le niveau moral de la colonie ni son prestige aux yeux de nos compatriotes.

En résumé, pour ceux qui, possédant quelque argent, auront la sagesse de limiter leur effort manuel et pourront ainsi résister au climat, la Guyane se présente tout d'abord comme un pays de petites plantations. La main-d'œuvre étant l'obstacle le plus sérieux aux grandes exploitations, c'est dire que l'ouvrier européen trouverait à s'occuper avantageusement. En y adjoignant des travailleurs exotiques, il n'y a aucune raison autre que celle d'une mauvaise administration pour que la Guyane ne connaisse point enfin des jours prospères. La preuve rassurante est sous nos yeux par la Guyane hollandaise et par la Guyane anglaise limitrophes, composées géologiquement et naturellement des mêmes éléments, ayant comme notre Guyane leurs mines d'or et leurs aventuriers, mais ayant en moins la population pénitentiaire. Ces deux colonies sont riches et prospères, elles se développent d'une façon continue tandis que la nôtre agonise. Notre race n'est, — quoi qu'on en ait dit, — ni moins apte à la colonisation, ni moins intelligente que les races hollandaise et anglaise; elle possède même une faculté d'assimilation climatérique supérieure à la leur, et nos nationaux apportent encore plus de vigueur au travail. Il faut donc avouer que la direction de nos affaires là-bas est défavorable à nos intérêts.

NOS COLONIES DE PEUPLEMENT

A s'en tenir à la stricte classification des économistes, on ne pourrait compter qu'un bien petit nombre de colonies rentrant dans cette catégorie. En effet, si l'on ne doit considérer comme capables d'être occupées en permanence par nos compatriotes que les pays où ils sont assurés de rencontrer le climat natal, il faudrait désespérer de voir jamais la race française peupler notre empire d'outre-mer. Heureusement qu'ici les faits s'éloignent un peu des théories et que, sans retrouver absolument l'air de la patrie, il ne manque pas, dans certaines de nos possessions, de régions où nos nationaux peuvent jouir d'un climat analogue ou assez peu différent pour s'y fixer, y faire souche et réussir dans leurs entreprises. C'est affaire d'espèce. Il va sans dire que l'homme du nord supporte moins bien un climat chaud que l'homme du midi habitué à une température déjà élevée, et que celui-ci redoute les climats frais plus que l'homme du nord; mais il ne faut pas perdre de vue que notre race est favorisée par une extrême facilité d'adaptation aux climats les plus divers.

Si donc l'à peu près est acceptable, nous pouvons déclarer que la France est, sous ce rapport, une puissance privilégiée. Elle possède à sa porte, sous sa main, l'Algérie et la Tunisie, où nos nationaux, surtout ceux de nos départements méridionaux, trouvent des conditions analogues à celles de la patrie. Près de cette même terre d'Afrique, Madagascar, notre nouvelle conquête, se présente avec des avantages marqués pour recevoir sur les plateaux du centre un fort courant d'émigration française.

Loin de nous, aux antipodes, nous avons une terre admirable de salubrité, la Nouvelle-Calédonie, trop délaissée jusqu'ici et sur le compte de laquelle on revient. Après en avoir enfin reconnu la valeur, on la soustrait de plus en plus aux inconvénients de la déportation, on fait les plus louables efforts pour lui rendre le rang qu'elle aurait dû garder dans notre domaine extérieur.

Nous n'avons plus ces colonies d'Amérique, jadis si prospères, où la race française a poussé de si profondes racines; mais nous avons des possessions qui, bien dirigées, les égaleront un jour en vigueur et en richesses. Notre race s'y adapte admirablement et profitera ainsi des sacrifices faits depuis tant d'années sans un résultat suffisant. C'est aux générations actuelles à profiter des leçons du passé, à mettre en valeur les biens que leur ont laissés leurs pères, à préparer pour les descendants des situations plus larges dans des pays nouveaux qui seront comme le prolongement du sol natal, auxquels ils s'attacheront par des intérêts réciproques.

I. — L'Algérie

Nous n'avons pas à faire l'histoire de notre belle colonie ; nous avons dit en son lieu ce qu'il fallait penser des systèmes employés pour y attirer des colons, car nous ne donnons ici que de simples indications à ceux qui voudraient s'y livrer à la vie agricole.

Tout d'abord, il faut admettre que, par son étendue et par la diversité de son sol, l'Algérie se prête à tous les genres d'entreprises coloniales. Non que le colon puisse s'y consacrer aux cultures tropicales, mais aux cultures subtropicales, c'est-à-dire à celles qui exigent un climat intermédiaire entre celui de la zone tempérée et celui de la zone tropicale. Cette réserve faite, il est loisible de s'y livrer à la grande culture, aux cultures industrielles et secondaires comme à la culture fruitière et maraîchère, à l'élevage, à l'exploitation des forêts et à celle des mines.

Le capitaliste y aura l'emploi fructueux de ses fonds dans de vastes exploitations, soit qu'il les établisse, soit, — ce qui sera plus sage, — en acquérant des domaines déjà créés. Malheureusement pour ceux qui ont été à l'avant-garde de notre colonisation algérienne, ayant entrepris au delà de leurs forces et épuisé leurs ressources avant l'heure de la récolte, beaucoup se sont vus contraints d'abandonner à des mains usuraires ou de laisser incultes des concessions qui avaient le plus bel avenir. Le colon pourvu d'argent peut hardiment venir, il n'aura que l'embarras du choix et le profit du travail de ses prédécesseurs.

L'émigrant disposant de ressources ordinaires pourra se constituer une exploitation fort intéressante en acquérant des lots de terres domaniales au moment des ventes qui ont lieu à des époques à peu près périodiques. Ces lots sont catalogués de façon telle que le colon connaît leur teneur, leur composition, leur voisinage, les cultures qu'elles sont susceptibles de recevoir.

De ceux auxquels de larges ressources permettent de fonder l'entreprise qui leur plaît, sur le point de leur choix, nous n'avons rien à dire; ils sont dans les conditions de tout homme dont la réussite dépend de la façon dont il sait employer les éléments favorables dont il dispose. Toutefois, pas plus en Algérie que dans tout autre pays, ils ne peuvent prospérer si, aux ressources financières, ils ne joignent pas les connaissances pratiques et le travail.

L'Algérie, avons-nous dit, présente un sol varié qui se prête à toutes les cultures. Les colons dont nous venons de parler trouveront de larges bénéfices dans l'exploitation des fruits et des primeurs, dans celle des essences à parfum. Les exportations de fruits tels que citrons, oranges, amandes, noisettes, ont un courant considérable vers l'Amérique du Nord; les envois de primeurs constituent déjà une source de richesse pour les petits colons placés près des ports d'embarquement; la culture des légumes frais en vue de l'industrie des conserves est appelée aux plus brillants résultats.

Bien que de nombreuses tentatives de colonisation officielle aient échoué en Algérie, ce ne sont pas moins les colons de petite culture qu'il importe d'y amener. Sans nous appesantir sur les fautes d'hier, on doit constater les efforts actuels du gouvernement pour favoriser le courant d'émigration par des procédés différents. Tout d'abord, les concessions accordées sont réglées sur une autre base qu'auparavant. On cherche avec raison à favoriser les colons fixés depuis un certain temps sur le sol algérien. Au lieu de les leur vendre, on leur accorde les terres touchant à celles qu'ils cultivent déjà; on a étendu pour eux jusqu'à la moitié, au lieu du tiers, la proportion des terres réservées à la colonisation. On se montre plus sévère dans l'admission du concessionnaire, on exige de lui des ressources plus étendues. Enfin, on a généralisé davantage cette mesure, en apparence contradictoire, de vendre au lieu de donner les terres, l'expérience ayant démontré péremptoirement que les efforts du colon sont beaucoup plus énergiques et persévérants sur le domaine qu'il lui a fallu acquérir que sur des concessions gratuites.

D'ailleurs, l'immigrant qui vient demander à l'Algérie, sinon la fortune, du moins l'aisance par la mise en valeur du sol, est assuré que son petit capital et son labeur ne seront pas imprudemment aventurés.

S'il remplit les conditions voulues de capacités et de ressources, le petit colon peut choisir entre deux voies : à proximité des centres européens, la culture maraîchère; dans les groupements ruraux, la culture proprement dite.

Dans le premier cas, le capital nécessaire est moins élevé : avec 5000 francs, de la santé, du travail, de la conduite, il peut, il doit réussir. La culture maraîchère, à laquelle il peut joindre successivement des cultures plus spéciales pour l'exportation, est une source certaine et autant dire inépuisable de profits.

Celui qui, faute des connaissances particulières, ne peut ou ne veut entreprendre que la culture ordinaire, doit disposer d'un peu plus de capitaux. Les calculs les mieux établis disent que ce colon doit d'abord posséder 10000 francs pour être en mesure d'organiser sa ferme et d'atteindre jusqu'à l'époque du rendement. S'il a soin d'intercaler un peu d'élevage dans son exploitation, les résultats seront tangibles dès la première année.

Mais, qu'il ait 5000 ou 10000 francs, le colon ne doit compter que sur lui. Il a contre lui la concurrence des autres Européens, dont le nombre est une menace pour notre colonie; il devra, en outre, s'attendre à l'hostilité des Arabes, s'il n'a pas soin de se faire respecter et aimer en déployant beaucoup de fermeté, de douceur, en montrant aussi un grand esprit de justice.

III. — La Tunisie

Les historiens arabes disent qu'on pouvait aller de Tripoli au Maroc « sous un ombrage continu de verdure »; l'invasion arabe et ses dévastations ont seuls modifié le magnifique aspect que présentait alors la Tunisie, dont le climat n'a subi aucune variation appréciable et qui peut revenir à son ancien état de prospérité.

Tous ceux qui l'ont visitée s'accordent à dire que c'est une contrée où dorment des richesses considérables. Le pays étant resté presque dans l'état où la conquête romaine l'a laissé, l'on se demande pourquoi nos colons, avec leur sens pratique, avec les ressources de la science moderne, ne réussiraient pas aujourd'hui là où avaient réussi leurs prédécesseurs. Les conditions économiques du protectorat sont des plus favorables; la France y est sympathique au plus haut degré; les impôts sont d'un poids extrêmement faible; la main-d'œuvre abonde et coûte peu, les indigènes n'ayant aucun besoin, se nourrissant et s'habillant avec une facilité extraordinaire; le climat est très sain et rappelle celui de nos côtes méditerranéennes; enfin, cette magnifique région est à la porte de la métropole.

Notre protectorat a ouvert la voie à un véritable renouvellement; avec l'ordre et la paix à l'intérieur, il a donné une entière sécurité à la propriété foncière par l'immatriculation; il a construit des routes, des ports, des chemins de fer, et permis l'acquisition de terres du domaine.

Il ne faut donc plus s'étonner de la faveur dont jouit la Tunisie auprès de nos colons et de la rapidité de ses progrès depuis que nous y sommes installés.

Nous y comptions trois cents compatriotes un peu avant la déclaration de protectorat; on en a recensé, en 1899, vingt et un mille qui se sont rendus acquéreurs de plus de cinq cent dix mille hectares de terres. Il y a donc en Tunisie un courant d'émigration française bien marqué, et, — considération intéressante, — ceux qui y sont installés ont réussi dans leurs entreprises.

Les colons peuvent venir s'ils ont des ressources, les terres ne leur manqueront pas. D'ailleurs, le régime de la propriété foncière en Tunisie possède une élasticité éminemment favorable à l'organisation d'une exploitation. Indépendamment des ventes de gré à gré ou aux enchères pour lesquelles l'acquéreur trouve les renseignements les plus circonstanciés auprès de l'administration des domaines, le colon peut encore entrer en jouissance de biens *habous* ou biens de mainmorte, soit sous la forme dite *euzel,* soit par voie d'échange.

Les biens *habous* sont des propriétés foncières rurales ou urbaines *inaliénables* constituées par des fondations au profit des mosquées. Par un contrat nommé *euzel,* ces biens peuvent être *loués à perpétuité*, de sorte que leur détenteur a la sécurité de la propriété sans la charge. Mais, s'ils ne peuvent être aliénés, ces biens peuvent être *échangés;* ce qui permet, si l'on veut, d'en devenir propriétaire moyennant la remise d'une valeur égale.

Ce mode d'opérer a singulièrement favorisé la colonisation française. Celle-ci s'est étendue, heureusement affranchie de la tutelle de l'État et sous la seule impulsion de l'initiative privée. On n'y a fait aucune concession gratuite, on n'a créé aucun de ces artificiels villages d'Algérie, on n'a pas peuplé la région de fonctionnaires; aussi la colonisation y a-t-elle admirablement réussi. Les

Laboureur tunisien.

colons sont venus avec leurs capitaux et, ce qui vaux mieux, avec des vues personnelles. On a vu comme une lutte entre les classes bourgeoises de toute catégorie, les militaires, les fonctionnaires, pour donner un essor merveilleux à cette poussée de colonisation et montrer que la race française est capable de se développer sur la terre africaine.

Les formes d'organisation des exploitations varient suivant les désirs, tant la transmission de la propriété a de flexibilité. Tantôt ce sont de puissantes sociétés acquérant de vastes domaines et louant des fractions plus ou moins considérables à des colons qui subdivisent à leur tour tout en gardant une part d'exploitation directe; tantôt un capitaliste constitue un domaine sur lequel il se livre à une culture spéciale; un autre ne cultive rien, il a préféré organiser des fermes qu'il loue ensuite à de petits colons; ou bien ses terres sont partagées en lots de diverse importance sur lesquels il installe des métayers européens ou indigènes.

On rencontre encore des combinaisons dans le genre suivant : un ou des capitalistes achètent des domaines, les subdivisent en fermes comprenant moitié de terres défrichées et moitié de terrains de parcours; chacune d'elles comporte de cent vingt à cent soixante hectares. Des bâtiments d'exploitation sont élevés sur l'emplacement choisi d'accord entre l'occupant et le propriétaire. La ferme ainsi installée est louée avec promesse de vente; si la vente se réalise dans un délai de trois ans, l'acquéreur ne paye d'abord que la valeur des constructions, la valeur du sol étant ensuite amortie par annuités successives.

Comme des combinaisons de ce genre exigent néanmoins certains capitaux qui ne sont pas toujours à la disposition des petits colons, certains propriétaires ont réduit encore l'importance des lots offerts à tempérament, de façon à permettre aux familles de cultivateurs modestes d'entreprendre une exploitation fructueuse.

Les exemples de réussite abondent; ils sont encourageants, parce qu'ils sont recueillis surtout parmi ceux qui ne doivent leur succès qu'à leur courage et à leur persévérance, non à l'abondance des capitaux engagés.

Nous pourrions citer des cas pris à divers niveaux de colons. C'est le colonel X, brave soldat plein d'avenir et de feu, qui, séduit par la colonisation, abandonne sa carrière au moment d'atteindre les plus hauts grades. Pendant cinq ans il avait médité le choix de son domaine; aussi le choisit-il bien. Il s'est installé sur un territoire fertile, mais complètement nu. En quelques mois il avait bâti sa maison, ses écuries, sa ferme, défoncé et planté vingt hectares de vigne, labouré et emblavé trois cents hectares. Dès la deuxième année, il avait réalisé de sérieux bénéfices après avoir prélevé l'intérêt de ses avances.

Un autre colon a été particulièrement frappé des avantages de l'*euzel* pour ceux qui, comme lui, ne possédaient qu'une vingtaine de mille francs. Sous cette forme de contrat il s'est procuré, dans le voisinage d'un grand marché, un domaine de six cent cinquante hectares en majeure partie défriché; quelques hectares ont été cultivés directement par lui, le reste a été loué aux Arabes. La seconde année, ses cultures personnelles ont été un peu étendues;

puis, au lieu de simple location, le surplus des terres a été confié à des *Khammès,* sorte de métayers qui, moyennant l'abandon du produit de certains lots, entreprennent sous la direction du colon la culture des autres terres et en partagent le fruit avec le propriétaire, celui-ci fournissant les animaux, le matériel et la semence. Grâce au profit qu'ils y trouvent, les Khammès travaillent avec ardeur et fournissent au propriétaire des bénéfices si inespérés que toute la propriété a été successivement défrichée moyennant une très faible dépense.

Un exemple plus frappant encore nous est fourni par une femme qui s'est établie seule, presque sans ressources, en plein centre indigène, et s'est constitué un domaine d'un millier d'hectares qui est aujourd'hui en rapport.

Mlle O., dont il s'agit, était institutrice dans une famille avec laquelle elle avait beaucoup voyagé; elle avait visité l'Amérique, l'Australie, les Indes, et ainsi acquis une vision étendue des choses. Désireuse de vivre désormais libre, elle avait réuni son petit avoir borné à quelques milliers de francs; après mûre décision elle avait choisi la Tunisie pour son entreprise. Pendant plusieurs mois elle a parcouru la Régence, à cheval, accompagnée d'un seul serviteur, examinant, étudiant le point où elle se fixerait. Ayant jeté son dévolu, elle s'entendit avec les indigènes d'un village et leur loua un millier d'hectares pour un peu moins de trois cents francs. En Tunisie, les biens sont indivis entre les habitants de la commune et constitués en un certain nombre de parts dont chacun peut devenir soit locataire soit propriétaire, à la charge par lui de résider sur les parts qu'il exploite.

Son lot une fois constitué, Mlle O. s'est mise à l'œuvre. Elle a immédiatement monté un élevage de proportions très modestes, avant même d'avoir songé à son habitation. En attendant que ses ressources le lui permissent, elle s'est logée dans un simple gourbi avec son domestique et deux servantes arabes. A cheval toute la journée, elle surveille ses travailleurs; elle a entrepris son défrichement, qui a marché à grands pas moyennant une sorte de métayage avec les indigènes. Elle a su prendre de l'autorité sur eux en dépit des préjugés qui, aux yeux des Arabes, placent la femme dans une condition inférieure; elle s'en est fait aimer en les assistant dans leurs maladies et dans leurs difficultés. Aujourd'hui la *roumia,* comme ils l'appellent, a droit de cité parmi eux. Le succès de son entreprise est assez marqué pour qu'elle ait pu élever successivement les constructions nécessaires à ses besoins et même commencer à acquérir plusieurs parts de biens indigènes.

Par ces derniers exemples on voit donc que pour réussir avec certitude en Tunisie il suffit de beaucoup d'énergie, d'entente et d'un peu d'argent.

Nous parlons d'une façon générale, parce que s'il fallait entrer dans le détail soit des opérations entreprises soit de celles qui se présentent, notre modeste travail devrait prendre des proportions considérables. Nous voulons seulement assurer que l'émigrant trouvera largement de quoi appliquer ses aptitudes. Indépendamment de l'élevage, de l'agriculture générale, de l'exploitation des vignobles, il peut se livrer à une foule de cultures spéciales qui lui promettent les plus beaux résultats.

Ceux qui ont étudié la Tunisie et ses ressources préconisent beaucoup la culture de l'olivier longtemps négligée par les indigènes, reprise avec ardeur et profit par des hommes d'initiative. Ils signalent particulièrement l'exploitation de l'amandier dans les terres légères, celle du noisetier et du figuier.

Pour le capitaliste, l'olivier offre un superbe placement d'avenir; pour ceux dont les ressources sont plus modestes, l'amandier et le noisetier assurent des produits extrêmement avantageux; pour le petit colon, il ajoutera fructueusement la culture du figuier à ses cultures principales.

La meilleure preuve de l'avenir réservé à des colons est l'ardeur avec laquelle, depuis quelques années, les Italiens se jettent sur la Tunisie. Ils y ont un intérêt politique et un intérêt pratique.

Nous ne dirons rien de l'intérêt politique dont nous n'avons pas à nous occuper ici, mais celui de la France est au moins égal. Si nous ne prenons pas des mesures pour favoriser efficacement l'émigration de cultivateurs français, nous verrons l'Italie s'emparer du sol tunisien mis en valeur par la France, et les flots de ses émigrants submerger nos nationaux trop peu nombreux.

Quant à l'intérêt pratique, on en jugera par ce fait que plusieurs sociétés italiennes se sont fondées dans le but unique d'acheter des domaines et d'y installer des cultivateurs siciliens comme fermiers, métayers ou propriétaires. Or, il est de notoriété que le paysan sicilien est des plus misérables et que s'il réussit, — ainsi qu'on le peut voir, — sur la terre tunisienne, c'est que la petite colonisation est possible. Nombreuses sont les agglomérations de ces insulaires qui ont défriché, planté de la vigne ou pratiqué un

Cueillette des dattes en Tunisie.

petit élevage. Ces agglomérations sont presque toutes florissantes; cependant les ressources de chacun de leurs membres n'ont guère excédé quelques centaines de francs, résultats d'économies faites sur le salaire gagné chez le colon français ou chez l'entrepreneur.

On objecte que le paysan français ne saurait égaler en sobriété le paysan italien. Si cela est vrai pour nos compatriotes des départements riches, cela ne saurait se soutenir pour les populations des malheureuses régions des Cévennes, de la Lozère surtout, qui vivent chichement dans des maisons misérables, sous un climat des plus durs.

Nous avons donc en France, dans la Lozère et ailleurs encore, hélas! des populations déshéritées qui luttent péniblement contre une nature marâtre et qui ne le céderaient en rien aux Siciliens sous le rapport de l'endurance et de la sobriété.

C'est ce genre de colon qu'il faut attirer en Tunisie, parce que lui seul y peut réussir avec un mince pécule de 2000 ou 3000 francs. Le tout est de le placer avec ses qualités dans les conditions de réussite certaine.

Le Français isolé ne peut pas être employé en Tunisie comme manœuvre ou journalier; il a contre lui le bas prix de la main-d'œuvre indigène et les associations d'Italiens-Siciliens qui font tous les travaux à la tâche; mais une famille de cultivateurs, pourvue d'une modeste maison, d'un petit jardin et d'une basse-cour, fournit une main-d'œuvre bien préférable par la perfection du travail à celle de l'indigène ou de l'Italien et dont le prix de revient est sensiblement le même.

En installant le petit colon comme métayer, en le plaçant, si on peut s'exprimer ainsi, à l'abri du grand colon, sa réussite est certaine. Par maints exemples relevés avec soin, mais dont le récit détaillé deviendrait fastidieux, on peut affirmer en principe qu'en Tunisie le gros colon place son argent à dix pour cent. Quant au petit colon travailleur, entendu, persévérant, il fait aisément produire à son capital jusqu'à vingt-cinq pour cent.

Pour attirer le petit colon, l'espoir de notre peuplement français en Tunisie, il ne faut pas hésiter à adopter les procédés employés avec succès dans d'autres pays. A l'imitation de ce qui se passe pour le Canada et la République Argentine, qui ont recruté ainsi leurs meilleurs colons, il conviendrait de faire dans les centres ruraux, devant une centaine d'auditeurs agriculteurs, des conférences pratiques dans lesquelles seraient exposés l'état de la colonisation dans la Régence, les ressources offertes à ceux qui s'y rendraient munis d'un pécule suffisant, enfin les renseignements utiles servant de guide dans une pareille entreprise. Ajoutons que l'expérience en a été faite sur une modeste échelle dans un de nos départements de l'Ouest, et que les résultats immédiats produits par cet essai restreint ont été si frappants qu'on ne s'explique point comment on n'a pas répandu davantage un pareil mode de propagande.

III. — Madagascar

Notre nouvelle possession de l'océan Indien, bien que grande comme la France et la Belgique réunies, ne renferme que quatre millions d'habitants environ, c'est-à-dire à peine 6,6 habitants par kilomètre carré. Le plateau central, l'Emyrne et le Betsiléo possèdent seuls une population d'une certaine densité. Partout ailleurs, dans les provinces côtières, les habitants sont clairsemés; on rencontre des régions importantes couvertes de forêts et de vastes pâturages, mais absolument désertes.

Cette situation a particulièrement frappé le général Galliéni; il s'est préoccupé d'y porter remède en favorisant par une série de mesures humaines le groupement des habitants, en facilitant et en encourageant la constitution des familles, surtout celles de la race hova, de façon à assurer pour l'avenir la main-d'œuvre indigène à nos colons.

Un pays aussi étendu que Madagascar et présentant des accidents aussi marqués ne peut avoir partout le même climat. Tandis que la température est élevée sur le littoral, on trouve, au contraire, de la fraîcheur dans les terres hautes. Le climat de la région centrale se rapproche de celui des contrées tempérées; il est, par conséquent, apte à la colonisation européenne.

D'octobre à mars règne la saison chaude ou pluvieuse; le reste de l'année comprend la saison sèche.

Tout est encore neuf à Madagascar, bien que l'île soit depuis longtemps en relation avec les pays d'Europe; mais l'incertitude constante du régime appliqué aux étrangers, l'absence de routes, la cherté des transports se sont opposés à une pénétration réelle du pays. Les côtes seules, sur quelques points assez rares, et la région de Tananarive ont eu, jusqu'à présent, des échanges commerciaux suivis.

Malgré l'envahissement des marchandises américaines et anglaises, nos commerçants peuvent songer à des entreprises fructueuses en offrant aux Malgaches des articles de vêtements et des objets d'usage à bon marché. L'élément féminin a un penchant irrésistible pour la toilette et recherche avec une telle passion tout ce qui est employé dans les parures européennes, qu'on peut prévoir une époque assez rapprochée où toutes les femmes de Tananarive et des environs seront complètement habillées à la mode française. Mais le Malgache manque absolument de goût; il désire surtout payer bon marché; peu lui importe la qualité de la marchandise, pourvu qu'elle ait de l'apparence et que le prix en soit peu élevé.

Qu'il soit commerçant ou exploitant à un titre quelconque, l'émigrant est assuré de trouver à Madagascar la protection et les encouragements les plus réels. Depuis que notre nouvelle colonie est sous le gouvernement du général Galliéni, la face des choses a été profondément modifiée. Il est de cette école, — et il ose le dire tout haut, — qui pense que les colonies ne sont pas faites pour les fonctionnaires et les militaires. Il fait mieux que le penser; il met ses théories en pratique en multipliant les moyens d'assurer le succès de la colonisation.

C'est ainsi qu'il a organisé la colonisation militaire par les procédés que nous avons fait connaître. Il s'est bien gardé, par contre, de donner dans l'utopie de la colonisation officielle. Sur l'invitation du gouvernement de la métropole, ses prédécesseurs s'y étaient employés; les essais tentés sur divers points, à Diégo-Suarez ou à Mananjary, ont piteusement échoué malgré les efforts et les frais consacrés à cette œuvre.

Si la colonisation militaire est dans une phase heureuse à Madagascar, il n'en faut pas conclure que la petite colonisation y soit déjà possible. Les soldats libérables trouvent auprès de l'administration militaire, pour fonder leur petite entreprise, un concours et des avantages sur lesquels le colon arrivant de France ne peut pas compter. La situation de l'un diffère essentiellement de celle de l'autre; aussi faut-il se résigner à ne pas considérer le plateau central comme un lieu où l'on puisse appeler le petit colon. L'heure n'a pas encore sonné; elle viendra en toute certitude plus tard, et il vaut mieux faire attendre ceux qui ont conçu cet espoir que de les engager dans une voie au bout de laquelle ils ne peuvent présentement trouver que des déceptions. Un moment arrivera où l'agriculture, le commerce, l'industrie, se développant, il faudra demander à ceux qui constituent la classe des petits colons des chefs de culture, des contremaîtres, des employés qui peu à peu s'élèveront dans la hiérarchie du travail et deviendront à leur tour patrons et propriétaires.

Pour le moment, une entreprise de colonisation à Madagascar

Culture de rizière à Madagascar.

exige au moins 20 000 francs pour faire espérer la réussite. L'administration accorde libéralement des concessions sur les points allotis et inventoriés. Ces concessions et le passage gratuit ne sont accordés qu'à ceux qui justifient de ressources suffisantes; elles sont limitées à cent hectares par personne et pour chaque tête de la même famille. Les émigrants qui veulent plus d'espace doivent acheter les terres dont le prix minimum est de 2 francs l'hectare dans les régions ouest et nord de l'île, de 5 francs sur la côte est et dans le haut pays.

Celui qui ne veut pas acheter a la faculté de louer les terres du domaine par baux n'excédant pas quinze ans. La location est fixée à 25 centimes par hectare et par an dans l'ouest et le nord, à 50 centimes sur la côte est et dans le pays haut. Ces prix sont payables à l'avance, mais le détenteur a un droit de préemption pendant toute la durée de son bail pour acquérir ces terres aux prix cités plus haut.

Les vastes exploitations trouvent des conditions très favorables à des entreprises variées d'élevage, de grande culture, de cultures tropicales, mais nous n'osons dire de viticulture, car les tentatives heureuses ne sont pas nombreuses, le sol de Madagascar ne contenant *généralement* pas en quantité suffisante le calcaire dont la vigne est si avide.

Qu'il soit grand ou modeste propriétaire, l'exploitant ne doit pas s'illusionner; son succès dépend absolument de son ardeur au travail et de sa persévérance. A cette condition, il pourra mener la vie large nécessaire à sa santé, jouir bientôt d'une honnête aisance et la procurer à ses collaborateurs européens.

Il lui faudra compter avec les transports, dont le prix très élevé constitue le gros problème à résoudre pour développer la prospérité de l'île. Grâce aux routes construites par nos soldats durant la campagne et à celles qu'on a ouvertes depuis, une notable diminution de frais permet aux marchandises et aux denrées de circuler à meilleur compte entre Tananarive et les deux côtes. Cela est loin de suffire; le problème n'aura sa solution que par l'ouverture des lignes ferrées auxquelles on travaille activement.

La main-d'œuvre constitue un autre problème duquel dépend l'existence de la colonie. La suppression de l'esclavage, idée humanitaire assurément mais appliquée d'une façon irraisonnée, a fait un tort énorme à la colonie; son plus clair résultat a été de transformer en oisifs et en brigands les esclaves brusquement libérés sans moyens d'existence. Elle a encouragé la paresse naturelle de l'indigène, qui est un travailleur de la plus grande irrégularité. Il y a de ce côté une éducation à faire complètement pour toutes les races malgaches autres que les Hovas et les Betsiléos.

En attendant le jour désirable où la main-d'œuvre indigène sera d'un secours efficace, le planteur devra recourir à d'autres immigrants : créoles des Mascareignes, Indiens, Chinois, noirs et Arabes de la côte d'Afrique et des Comores, qui fournissent des travailleurs assez peu onéreux.

Il pourra encore recourir à la main-d'œuvre pénitentiaire que, dès les premiers jours, le gouverneur général a mis à la disposition des colons d'une façon pratique. Si inférieure qu'elle soit généralement, c'est un progrès sur nos autres colonies où les condamnés sont assurés d'un *farniente* inexplicable.

Le sol de Madagascar, avons-nous dit, se prête aux cultures les plus diverses. Nos céréales d'Europe y réussissent magnifiquement à côté des céréales indigènes et constituent une opération des plus avantageuses. On en peut dire autant de la culture maraîchère, qui forme un appoint de haute valeur quand on la pratique à proximité d'un centre.

La nature des terrains différant beaucoup, il importe de ne pas se lancer inconsidérément dans une culture quelconque, parce qu'on a vu des exploitations prospères; il ne faut placer une culture sur un domaine qu'après s'être parfaitement assuré qu'elle y peut réussir.

A cette condition, l'exploitant pourra entreprendre des plantations de théiers, de caféiers, de cacaoyers, de cannes à sucre, de riz, de manioc, de tabac, de vanilliers, de girofliers, de camphriers, de divers textiles, tels que l'aloès et le crin végétal ou *Chamœrops humilis*.

Mais ce qui semble appelé au plus bel avenir, tant à cause des conditions favorables qu'à cause de l'excellence des produits, c'est la production de la cire et l'éducation des divers bombyx producteurs de soie dont Madagascar est particulièrement riche. Les mûriers de toute espèce s'y plaisent particulièrement.

Comme produits industriels, le caoutchouc et le copal, dont la qualité est fort estimée, se présentent comme des industries de grand avenir. Pour peu qu'on réglemente efficacement la récolte des végétaux gommifères et qu'on assure le repeuplement, Madagascar peut être considéré comme un des pays du monde le plus fécond en caoutchouc.

Quant à l'élevage, surtout celui du bœuf et du porc, il sera pour ceux qui s'y adonneront avec entente une source de véritable fortune. Quelques colons ont déjà entrepris l'élève du mulet et des ânes et obtenu des résultats assez probants pour faire considérer cette branche de l'élevage comme destinée à un réel avenir, surtout en raison de la rareté des routes.

L'insuffisance des voies de communication arrête les entreprises minières et forestières sur lesquelles on peut jeter les yeux avec confiance. Celles qui existent sont trop onéreuses pour pouvoir s'étendre : mines et forêts, malgré leurs promesses, ne sont pas encore les exploitations à conseiller aux nouveaux arrivants.

IV. — La Nouvelle-Calédonie

Hâtons-nous tout d'abord de détruire à son sujet un préjugé trop répandu.

La Calédonie est plus connue comme bagne que comme colonie; on se figure volontiers en France qu'on ne peut y vivre sans être coudoyé par des forçats. C'est une erreur. Le bagne est confiné dans des limites déterminées ; les centres de colonisation libre étant distincts des centres de colonisation pénitentiaire, un colon libre n'a pas à craindre d'être en contact avec le bagne. D'ailleurs, la suppression de la déportation en Calédonie se poursuit activement; elle est assez avancée pour devenir bientôt un fait accompli. Ainsi disparaîtra d'elle-même la classe des libérés s'établissant dans l'île, pour lesquels la population libre professe un mépris et une aversion trop souvent justifiés.

Avec son territoire grand comme trois fois la Corse, ses terres fertiles, ses nombreuses vallées bien arrosées, ses vastes pâturages, ses pentes montagneuses très boisées, sa grande richesse minérale, la Nouvelle-Calédonie est un superbe domaine colonial qui éveille depuis longtemps les appétits de nos voisins d'Australie. Persuadés que nous ne pourrons tirer parti de ce « diamant merveilleux », parce qu'ils nous croient faussement enchaînés à nos erreurs passées, les Australiens le convoitent d'un œil tranquille, « de l'œil du neveu qui attend l'héritage d'un vieil oncle malade, » selon l'expression qui a cours parmi eux.

Les choses sont heureusement changées ; la Nouvelle-Calédonie est entrée dans une phase nouvelle depuis quelques années, grâce à son gouverneur, M. Feillet, qui a entrepris de l'affranchir de

Nouvelle-Calédonie. — Le quartier latin à Nouméa. (D'après une photographie.)

la servitude de l'administration pénitentiaire et qui a su développer à son profit un courant d'émigration très pratique et très suivi.

Le ministère des colonies, longtemps indifférent sinon hostile à la Nouvelle-Calédonie, facilite les projets de petite colonisation en accordant aux émigrants et à leur famille le passage gratuit de Marseille à Nouméa et même quelquefois le transport en chemin de fer jusqu'au port d'embarquement.

A tous ceux qui le demandent, il est envoyé une notice les renseignant sur les conditions à remplir pour obtenir, outre ces faveurs, un lot de terres dans un centre de colonisation, sur les objets dont ils devront se munir au départ; on leur fait connaître aussi d'une manière détaillée les conditions dans lequelles ils effectueront le voyage ainsi que ce qu'ils devront faire en arrivant à destination.

Contrairement à la plupart de nos colonies d'exploitation, la Nouvelle-Calédonie se prête surtout à la colonisation par l'agriculture, par celui qui demande son pain quotidien au travail de ses mains, par le *paysan*. On peut dire que c'est *sa* colonie, tant elle est particulièrement propice aux petites entreprises. Non qu'elle soit réfractaire aux grandes exploitations, — on en compte plusieurs, — mais la pénurie de main-d'œuvre rend les grandes plantations plus difficiles à conduire par suite de la multiplicité des façons réclamées par les cultures qui y réussissent le mieux.

La réputation de salubrité de son climat est proverbiale : aucune fièvre ni aucune maladie ne lui est particulière; la santé générale y est excellente; les enfants, presque toujours éprouvés ailleurs, s'y développent avec vigueur. Quant à la température, elle ne monte jamais au-dessus de trente-six degrés centigrades ni ne descend au-dessous de treize degrés.

Il en résulte que, dès son arrivée, l'émigrant peut se mettre sans crainte au travail de la terre. Il devra simplement observer les règles d'hygiène générale qui s'imposent dans tous les pays plus chauds que la France.

Tout en n'ayant pas à se préoccuper de la question d'acclimatement à son arrivée, le nouveau colon devra de préférence partir de France en février ou mars, de façon à débarquer au début de la saison fraîche, époque où toutes les cultures peuvent être entreprises avec succès.

Que l'on se garde surtout des illusions! Si encourager l'émigration vers la Nouvelle-Calédonie est une œuvre vraiment patriotique, il convient avant tout de bien éclairer ceux qui partent sur la situation qui les attend là-bas. En France, on n'émigre que pour améliorer son sort; d'aucuns disent : « pour faire fortune. » Ceci n'est pas donné à tous; c'est même l'apanage de rares privilégiés. Mais on peut, en toute sécurité de conscience, conseiller le départ au cultivateur de nos campagnes qui se trouve trop à l'étroit sur son lopin de terre, parce que ses espérances, si elles sont raisonnables, ne seront pas déçues. En Calédonie, la colonisation bien comprise et bien dirigée comme elle l'est à présent ne peut manquer de réussir, parce que tout cultivateur actif et sobre, muni du capital indispensable, arrivera à faire là-bas, avec le même travail, des profits et des revenus plus considérables qu'en France; pour peu que les circonstances le favorisent, il pourra se créer en peu d'années une véritable aisance.

En attendant, dès son arrivée à Nouméa, où son intérêt est de s'attarder le moins possible, l'émigrant est reçu par les représentants de l'administration et par les délégués de « l'Union agricole calédonienne », qui s'emploient avec le plus louable empressement à lui éviter les embarras de l'arrivée dans un pays nouveau. On le loge gratuitement pendant son séjour à Nouméa; un agent le conduit ensuite dans le canton où se trouvent les lots de terres soumis à son choix. On y transporte aussi gratuitement ses bagages, à raison d'une tonne par adulte; enfin on lui assure, dans le début, son approvisionnement en pain, viande et épicerie.

Si plusieurs colons réclament la même concession, elle est attribuée par la voie du sort.

Le colon prudent ne se hâtera point de prendre possession de sa concession; il se préoccupera surtout de faire chez un planteur, moyennant rétribution, un stage d'apprentissage pour se familiariser avec la culture locale.

Les lots ont une étendue variant de dix à vingt-cinq hectares, suivant la nature des terres, et deviennent sa propriété définitive au bout de trois ou de cinq ans, suivant l'état de ses cultures, la quantité de caféiers plantés et s'il a résidé sans interruption sur sa concession.

Celui à qui ses ressources le permettent peut grossir son lot de terres domaniales à titre onéreux, soit par vente directe, soit par location avec promesse de vente; toutefois, l'ensemble des concessions gratuites et onéreuses ne peut dépasser la surface de cent hectares. Généralement, le prix de location est de 6 pour cent de la valeur des terres, et le prix de vente est de 100 francs l'hectare pour les terres à café et de 25 francs pour les terres à pâturages.

Tout en affirmant que la Nouvelle-Calédonie est celle de nos possessions qui offre au petit colon les meilleures chances de succès, il est difficile de préciser d'une façon rigoureuse l'importance des moyens dont doit disposer le nouvel arrivant. La réussite dépend pour une large part des qualités personnelles, du goût du travail, de la persévérance, de l'économie du colon aidé par les ressources indispensables. Plus tard, la Nouvelle-Calédonie pourra procurer du travail et des salaires à la main-d'œuvre agricole et industrielle de la colonie; tel n'est point le cas actuel, les emplois étant très rares en Nouvelle-Calédonie. Ce serait folie que de prétendre s'y rendre n'ayant pour tout capital que ses bras et sa bonne volonté. Pour le moment, l'attention de l'émigrant ne peut se tourner utilement que vers l'agriculture.

Quant aux ressources indispensables dont nous parlions, l'évaluation n'en peut être rigoureuse. Toutefois, en se plaçant dans les conditions ordinaires, pour qu'une famille laborieuse et *accoutumée aux travaux agricoles* puisse exploiter avec de grandes chances de succès une concession de vingt hectares, dont un quart serait consacré au café, il est prudent de supputer un capital de 5000 à 6000 francs.

L'emploi de cet argent sera fructueux si, encore une fois, le colon est un cultivateur de profession, un paysan décidé à se livrer *lui-même* aux travaux de culture, et à s'imposer au début de réelles privations, afin de pouvoir attendre les premiers résultats de ses cultures. Mais si le colon appartient à la catégorie des professions manuelles urbaines, si surtout le travail manuel lui est étranger, il faut considérer qu'un capital double est nécessaire. Il faut, dans ce cas, compter au moins 10000 francs pour subvenir à une exploitation. En raison de la cherté relative de la main-d'œuvre en Calédonie, le colon non cultivateur de profession et qui ne pourrait se livrer en personne ou avec l'aide de sa famille au travail de la terre aura besoin, pour réussir, de ressources plus élevées qu'un agriculteur.

Ces calculs, établis par des hommes d'une expérience éprouvée, doivent s'entendre d'une famille normale composée du père, de la mère et de deux ou trois enfants en âge de travailler. Pour toute personne en sus, il faut compter au moins 1000 francs de plus.

On ne peut donner aux colons, au sujet de leur installation, que des renseignements et des conseils.

Arrivé sur sa concession, où l'administration lui a construit un abri provisoire en torchis, le colon devra s'occuper avant tout :

De créer un potager qu'il ensemencera dès la saison favorable avec des graines apportées de France ou provenant de Sidney;

D'installer une basse-cour;

De préparer une pépinière de caféiers et de bois noir pour abriter les jeunes plants;

De construire sa maison;

De défricher les terrains pour ses premières plantations.

Pour ce dernier travail, il trouvera aisément des libérés qui se sont fait une spécialité du défrichement et qui l'entreprennent à forfait moyennant 150 francs par hectare.

S'il prend des aides à demeure, il les payera 30 francs par mois plus la nourriture; la dépense monte donc vite de ce côté. Il vaut mieux moins se hâter de planter, et ne le faire que suivant les ressources disponibles.

Qu'il n'oublie pas qu'il ne sera jamais trop économe, surtout au début, que le temps passé à s'instruire sera du temps gagné lui épargnant de douloureuses expériences. Il aura de quoi s'occuper, d'ailleurs, avec tout ce qu'il devra faire pour s'assurer par son potager, sa basse-cour et ses cultures, des ressources suffisantes pour que, dès la seconde année, il n'ait plus à acheter que ce qu'il ne peut produire lui-même, c'est-à-dire la viande, la farine et l'épicerie. Quant aux liquides, il devra se contenter de thé ou de piquette de sa fabrication.

La construction de la maison est une des grosses dépenses de la première année. En torchis, couverte de chaume, plus ou moins grande suivant le nombre des membres de la famille, la dépense peut être de 400 à 600 francs si on emploie des ouvriers; mais, pour peu que le colon soit adroit et industrieux, il s'en tirera à bien meilleur marché.

Quant au mobilier, il doit être réduit à sa plus simple expression et céder le pas aux outils de travail. Une cuisine, un four, un poulailler, une porcherie, un abri pour des chèvres, viendront compléter l'organisation indispensable de la première année.

D'une manière générale, le colon doit compter pour sa nourriture, pendant cette période, sur une dépense d'environ un franc par tête et par personne. Les vêtements sont peu dispendieux; on ne fait pas assaut d'élégance dans la brousse.

Ainsi organisé matériellement et moralement, l'émigrant peut et doit se consacrer à la plantation de caféiers. C'est elle qui formera le pivot de son exploitation. Mais le caféier ne commençant à donner qu'après la deuxième année de plantation et n'étant en plein rapport qu'à sa sixième année, il faut que le colon se livre à des cultures intercalaires et complémentaires.

On peut se demander avec une certaine inquiétude s'il est sage de multiplier sans réserve la culture du caféier, alors que toutes nos colonies intertropicales et un grand nombre de colonies étrangères s'y adonnent sur une large échelle. La situation avantageuse faite aux planteurs de café est-elle susceptible de se maintenir et de se prolonger sans péril pour l'avenir?

Le bilan actuel de la production et de la consommation du café est fait pour rassurer contre la surproduction qu'on pourrait redouter.

Depuis dix ans, le monde produit et consomme environ 600 millions de kilogrammes de café, sur lesquels le Brésil en fournit à lui seul 360 millions, l'Amérique centrale 90 millions, Java la même quantité; les autres pays producteurs réunis n'en fournissent pas plus de 60 millions.

Ces récoltes sont consommées par les États-Unis pour 210 millions, par l'Allemagne pour 108 millions, par la France pour

60 millions, à peu près autant pour les Pays-Bas et la Belgique, 36 millions par l'Autriche; le reste du monde n'en absorbe que 120 millions.

Deux faits dominent cette courte statistique : l'énorme production du Brésil et la consommation considérable des États-Unis. De sorte que l'avenir commercial du café peut se ramener simplement à ces deux termes : La consommation actuelle des États-Unis est-elle susceptible de diminuer? la production du Brésil peut-elle encore grandir?

La population des États-Unis double tous les trente ans; sa richesse croît encore plus vite. Loin donc d'avoir à redouter une diminution de ce marché, c'est un accroissement considérable qu'il faut prévoir.

D'autre part, le Brésil a vu depuis quelques années les conditions économiques de sa production se modifier profondément à son désavantage. Non seulement la culture du caféier ne retrouvera pas les périodes prospères d'autrefois, mais encore ses plantations sont ravagées par la maladie spéciale qui a ruiné Ceylan et tant d'autres colonies; si bien que, loin d'augmenter ses plantations, le Brésil peut à peine les entretenir. Nous avons su prendre dans nos colonies, pour nous défendre de la contagion, des mesures préservatrices analogues à celles qu'on déploie contre le phylloxéra de la vigne; jusqu'à ce jour, nos possessions coloniales ont été affranchies du fléau.

Ajoutons que les produits de nos colonies sont détaxés de la moitié des droits frappant les provenances étrangères, ce qui constitue pour nos planteurs un traitement de faveur très important. En outre, les cafés de la Nouvelle-Calédonie sont d'une qualité supérieure qui leur assure toujours un placement avantageux, malgré une dépression de prix qui résulte seulement de la situation générale du commerce. Enfin, nos colonies produisent à l'heure présente à peine la cinquantième partie de ce que consomme la France.

La surproduction n'est donc pas un danger pour nos planteurs.

Nous n'avons pas à décrire ici la culture du caféier, cela n'entre point dans notre cadre. Nous devons seulement faire remarquer qu'une plantation exige des soins multiples réclamant à certains

Nouvelle-Calédonie. — Le quartier du cap Horn à Nouméa. (D'après une photographie.)

moments de l'année une main-d'œuvre qu'il n'est pas toujours facile de se procurer.

Cette pénurie relative de la main-d'œuvre est l'obstacle qui s'oppose jusqu'à présent au succès des grandes plantations, faute de pouvoir donner en temps voulu les façons nécessaires. On a essayé de remédier à ce mal en divisant les grandes caféières en lots de moindre importance placés sous la direction d'un contremaître intéressé dans les bénéfices; les résultats obtenus ne sont pas encore assez probants pour qu'on puisse généraliser ce système.

La grosse difficulté dans les cultures de la Nouvelle-Calédonie est donc l'absence d'ouvriers suffisants comme nombre et comme qualité. Nous ne parlerons pas de la main-d'œuvre pénitentiaire, qui, officiellement, est cependant à la disposition des colons. Nous n'en parlerons point, parce qu'elle est si défectueuse et son prix de revient si élevé, que les administrateurs pénitentiaires eux-mêmes préfèrent s'adresser aux ouvriers libres. Ce fait seul suffit pour la juger.

L'indigène canaque n'est pas un travailleur assidu; il a fort peu de besoins et ne s'astreint à travailler que les quelques heures strictement nécessaires pour y satisfaire; tout travail d'une certaine durée lui répugne.

Ce sont les Néo-Hébridais de l'archipel voisin qui fournissent les meilleurs ouvriers. Mais ils sont en nombre insuffisant, et l'on a dû plusieurs fois recourir aux Annamites et aux Javanais.

Comme ces travailleurs doivent être munis de contrats d'une durée de plusieurs années, que le planteur qui y recourt est tenu tout d'abord de rembourser les frais d'introduction, lesquels varient de 300 à 500 francs par tête, leur concours n'est donc pas à la portée de la plupart des petits planteurs; dès lors ceux-ci n'étendent leurs caféières que dans les proportions leur permettant de les soigner convenablement.

C'est encore une raison pouvant rassurer contre la trop grande extension de la culture du café; c'est aussi ce qui justifie la préférence que les petits colons doivent avoir pour l'émigration vers la Nouvelle-Calédonie.

Si nous nous sommes un peu étendus sur les plantations de café, ce n'est pas qu'elles soient la seule culture avantageuse. Au contraire, il s'en présente de très nombreuses à entreprendre pour l'émigrant. Suivant la situation de ses terres, ses ressources pécuniaires, le nombre de bras dont il dispose, l'éloignement d'un marché, les moyens de communication, il pourra s'adonner au riz, au maïs, — une des meilleures cultures de début quand le fléau des sauterelles ne s'abat pas sur la colonie, — aux haricots, au manioc, à la luzerne, aux légumes, aux arbres fruitiers des diverses sortes européennes et indigènes, à la vanille qui vient par surcroît et ne demande de soins qu'au moment de la fécondation.

Il y a aussi des cultures d'avenir qui sollicitent l'attention : le tabac, l'indigo, le coton, les céréales, les cocotiers, le caoutchouc de Céara. Si toutes ne donnent pas un produit immédiat ou réclament des soins multiples, toutes du moins sont des cultures à haut rendement.

L'élevage sera aussi une branche intéressante d'exploitation, mais qui exige un réel discernement pour ne pas amener l'avilissement des prix dont la colonie a déjà souffert par suite de surproduction des bœufs. Par contre, le colon établi à portée d'un centre tirera de grands profits de la production du lait et du beurre, dont le prix est très élevé en Calédonie.

Le porc, dont on fait une grande consommation, la chèvre, dont la chair remplace celle du bœuf dans les petites localités dépourvues de boucherie, méritent l'attention.

Enfin, une industrie très facile à conduire, très productive et bien à la portée des petits exploitants, est l'éducation des abeilles, lesquelles réussissent fort bien à la Nouvelle-Calédonie.

A lire cette longue énumération de profits présentés par notre grande colonie du Pacifique, on serait tenté de crier à l'exagération. Pour rassurer les timides et mettre notre responsabilité à l'abri, nous nous bornerons, en guise de conclusion, à simplement citer, résumées, quelques déclarations de ceux qui se sont installés là-bas et qui s'en félicitent. Ils sont le nombre, et ils sont la qualité, parce qu'ils appartiennent aux catégories de colons les plus diverses et répondent à une grande variété de cas.

Si nous écoutons les agriculteurs, nous les entendrons nous dire comme celui-ci, qui arrive sur sa concession :

« Notre centre est bien situé, les terres sont excellentes, le défrichement ne présente pas de grosses difficultés, le café pousse admirablement. Nous sommes un peu loin de Nouméa, mais par la rivière et le chemin nous nous procurons néanmoins tout ce qu'il nous faut. Notre ordinaire est agrémenté de quelque gibier. »

Pour conclure, celui-ci engage son correspondant à venir le rejoindre.

Deux autres, satisfaits de la tournure que prend leur exploitation, font venir leurs frères.

Un autre, ayant tenu une sorte de journal, déclare que, malgré quelques ennuis inévitables, il n'hésiterait pas à prendre de nouveau le parti qu'il a pris.

Celui-ci ne tarit pas d'éloges sur le gouverneur, M. Feillet, dont l'accueil paternel et encourageant lui a *réchauffé* le cœur. Il s'étonne du bas prix auquel il a pu pourvoir à son installation, se félicite de l'état de sa concession, et conclut ainsi :

« Je me plais beaucoup ici ; certainement celui qui veut travailler, être sobre et économe, qui ne se laisse pas tenter par les plaisirs des villes, est sûr d'arriver ici plus tôt qu'en France. »

Et cet autre, qui a réussi avec un fort maigre pécule, écrit :

« Un émigrant cultivateur qui sait s'y prendre réussira avec 2000 francs et même moins, là où un autre qui n'est pas cultivateur et qui ne sait pas s'y prendre échouera avec 20000 francs et même davantage. »

Voici un autre cas :

M. Pierre R..., après avoir réalisé lui-même la réussite de ses projets, n'a rien eu de plus pressé que de faire venir son père et sa mère d'abord, un de ses frères ensuite, pour les installer sur deux concessions distinctes. Il s'est fait le banquier des siens, auxquels il a fourni les avances qui se sont élevées à 1500 francs à peine pour chaque concession. Ses parents d'un côté, son frère de l'autre, ont opéré chacun pour leur compte ; chacune des exploitations est en pleine prospérité, malgré des orages et un cyclone qui ont nui aux cultures.

Un colon, qui n'a pu s'installer sans l'assistance de généreux patrons, s'écrie :

« Dites bien que ce qu'il faut ici, ce sont des travailleurs et de nombreuses familles, non des gens sans aptitudes, pour *piocher* et travailler dur. Ce qu'il faut, c'est le paysan français ! Combien qui crèvent de misère en France, et qui, ici, vivraient dans l'aisance! Avec le capital exigé, 5000 francs au maximum, ma famille peut très bien s'installer et vivre dans la petite aisance au bout de trois ou quatre ans. Allez donc trouver cela en Europe! Pour réussir ici, il faut supporter deux ans de misère, ou du moins de gêne dans ses habitudes et sa manière de vivre...

« Quant à moi, je suis enchanté d'être venu, et je suis heureux de la décision que j'ai prise, très grave surtout pour un fonctionnaire. »

Et il appuie ses déclarations en ajoutant qu'il a fait venir de France un fermier-associé avec le concours duquel il a triplé ses profits.

On peut encore citer comme exemple encourageant la famille Lapetite, venue en Calédonie avec un capital de 10000 francs fourni par M. de Castries et quelques hommes à larges vues. Ce colon, très recommandé, a été favorisé dans la désignation de sa concession et il a peut-être été plus que d'autres aidé dans ses débuts. Mais son succès a été si probant, que ses protecteurs n'ont pas hésité à envoyer auprès de lui une autre famille à laquelle ils ont fait également les avances de son établissement.

Un ancien conducteur des ponts et chaussées, établi là-bas comme colon, nous dira :

« Ici, comme ailleurs, on n'a rien sans peine; il faut travailler et beaucoup travailler, surtout les premiers temps. Il ne faut compter être tranquille qu'au bout de la deuxième année. Mais, si on a un peu de chance, on peut vivre bien mieux qu'en France, et plus sûrement. »

Nous pourrions invoquer avec lui un grand nombre d'autres témoignages. A ceux des agriculteurs, joignons d'autres exemples empruntés à des catégories différentes.

Certains sont pris d'émigrants pourvus largement, ayant à leur disposition 50000, 100000 francs et même davantage, qui tous se déclarent satisfaits et résolus à persévérer.

C'est un cordonnier, c'est un photographe qui, munis de leur matériel et de quelques économies destinées à les faire subsister, ont vu leur travail prospérer.

C'est le fils d'un officier ministériel qui s'est d'abord imposé un stage de deux ans chez un planteur expérimenté. En attendant que son frère, élève d'une école d'agriculture, pût venir le rejoindre, il a appris la pratique culturale. Puis tous deux ont mis en valeur un large domaine, en y consacrant 100000 francs donnés par leur famille.

Un autre, ancien soldat d'infanterie de marine, ayant déjà habité la colonie, n'a eu de cesse qu'il n'ait réalisé son rêve de repartir à la Nouvelle-Calédonie, où il s'est installé avec succès grâce à un petit capital et à son habitude du travail des champs,

Voilà qui n'est pas moins significatif : L..., parti depuis quelques mois pour étudier sans risque l'entreprise longuement méditée, s'est empressé d'appeler auprès de lui sa femme et ses enfants, tant la situation s'est montrée de suite avantageuse.

F. G..., élevé à la campagne jusqu'à vingt ans, depuis employé de commerce, n'a cessé de regretter la vie de son enfance. Réalisant son avoir, qui montait à une quinzaine de mille francs, il s'est remis avec bonheur et succès au travail de la terre en Nouvelle-Calédonie.

Ceux-ci, M. S.., et M. V..., n'ont jamais cessé, eux, d'être cultivateurs ; mais, trouvant la culture de France trop peu profitable, ils ont associé leurs deux petites fortunes et trouvé un emploi fructueux de leurs connaissances et de leur capital.

Voici enfin M. R..., riche industriel, qui, ayant déjà deux fils installés en Nouvelle-Calédonie, où ils exploitent un vaste domaine, a jugé qu'il ne pouvait faire mieux que d'y envoyer son troisième fils. Peu après, lui-même s'embarquait avec sa femme, afin d'aller embrasser leurs enfants et contempler par eux-mêmes les résultats de leurs efforts.

Un seul mot résumera la situation de nos colons calédoniens. Un questionnaire a été adressé à toutes les familles parties sous le patronage de « l'Union coloniale » ; des réponses soigneusement colligées, il résulte que la presque unanimité des intéressés déclare :

Que les concessions disponibles ont été mises à leur disposition et qu'ils ont pu choisir en toute liberté ;

Que les concessions demandées ont été accordées immédiatement ;

Qu'elles sont, en général, partie en plaine, partie en montagne ;

Que les terres sont généralement bonnes ;

Que toutes les plantations de café soignées convenablement sont prospères;

Que tous, en dehors des caféières, se livrent à d'autres cultures dont ils sont satisfaits;

Que bon nombre d'entre eux, contents des résultats acquis, cherchent à grossir leurs revenus par des plantations industrielles;

Que, même parmi les nouvellement arrivés, tous ou à peu près vivent de leur exploitation et n'achètent que les denrées qu'il leur est impossible de produire.

La conclusion de tout ce qui précède, c'est que le moment est largement venu pour la France de reprendre et d'accentuer le mouvement colonial qu'elle a jadis poussé si loin. Nos aptitudes, notre intérêt nous y portent. Les succès du passé, ceux du présent, nous garantissent l'avenir. Nos méthodes mieux étudiées, plus conformes au véritable ordre des choses, nous protègent contre les erreurs de jadis.

Bien persuadés désormais que les colonies ne sont pas, comme se l'imaginent trop aisément les imprévoyants et les impuissants du travail, des Eldorados où il suffit de se baisser pour ramasser la fortune, les aspirants colons partent aujourd'hui avec le sentiment de leur devoir colonial. Ils savent que pour récolter il faut d'abord semer, et ils se munissent du germe nécessaire qui a trop souvent fait défaut à leurs devanciers.

L'étude sommaire de notre empire colonial nous a démontré qu'il présente une variété infinie de conditions s'adaptant à tous les cas, à toutes les aptitudes, à toutes les formes, à toutes les bonnes volontés. C'est au colon à discerner ce qu'il doit préférer, afin de ne point perdre son effort et ne point égarer ses forces.

Ce discernement essentiel se fera de lui-même par une réforme insensible, progressive de l'éducation générale, qui montrera et inscrira dans les esprits que la colonisation est et doit être une carrière comme celles de l'industrie, de l'armée, de la magistrature, des lettres, des arts, et à laquelle il convient de se préparer si l'on y veut réussir.

Le spectacle réconfortant fourni par ceux qui se sont mis en mesure de coloniser utilement montre encore que nous possédons un moyen national, pratique, efficace, d'améliorer le sort social de nos populations. Il est, en effet, plus digne de ceux qui reçoivent comme de ceux qui donnent de demander à un travail même lointain la réalisation de cette légitime ambition du bien-être que recherchent les déshérités du sort ou les vaincus dans les luttes de la vie.

Quand ces vérités élémentaires auront bien pénétré l'âme des jeunes générations, que l'esprit public sera revenu de ses préventions injustifiées contre la colonisation, nous serons bien près d'avoir mis en valeur nos vastes possessions coloniales. Tous ceux qui, de près ou de loin, auront travaillé à acquérir ces résultats pourront se rendre le consolant témoignage d'avoir collaboré à une œuvre vraiment patriotique, d'avoir fait acte de bons Français.

FIN

TABLE

Avant-Propos 7

LA COLONISATION

Physionomie des colonisations 9
Notre passé colonial 15
Pourquoi nous manquons de colons 20
La France doit-elle coloniser? 28

LES COLONIES ET LES COLONS

Le choix des colonies 32
Les procédés de colonisation 40
Le devoir envers les colonies 49
La préparation du colon 57
Les obligations du colon 62

LE RECRUTEMENT COLONIAL

Ceux qui doivent être colons 68
La femme émigrante 73
Le role colonial du clergé 79
Le soldat-colon 86

LES LIEUX DE COLONISATION

Ou il faut émigrer 92
Nos colonies de régie et de commerce 95
I. — Le Sénégal et ses dépendances. — Le Soudan français 97
II. — Guinée française. — Côte d'Ivoire. — Dahomey 101
III. — Le Congo. — Le Haut-Congo. — La Sangha. — L'Oubanghi. 102

Nos colonies de plantations. 105
I. — L'Indo-Chine. — La Cochinchine. — Le Tonkin. — L'Annam. — Le Cambodge. 107
II. — La Réunion 117
III. — Les Antilles. — Guadeloupe. — Martinique. 119
IV. — La Guyane 120
Nos colonies de peuplement. 124
I. — L'Algérie. 125
II. — La Tunisie. 127
III. — Madagascar 135
IV. — La Nouvelle-Calédonie. 140

31361. — Tours, impr. Mame.

OUVRAGES

DE LA MÊME COLLECTION

FORMAT GRAND IN-8° — 3e SÉRIE

CHAQUE OUVRAGE EST ORNÉ DE PLUSIEURS GRAVURES

AIMÉE ROBERT, par Mlle Marie Poitevin.
ARTS DE LA JEUNE FILLE (LES), par Arsène Alexandre.
BRIMBORION, Histoire d'un mousse, par Roger Dombre.
CHATELAINS DE COURTHENOY (LES), par Marguerite Levray.
CLAIRE D'ALVINIÈRE, par E. Pinson.
CLERGÉ SOUS LA TERREUR (LE), par François Bournand.
CŒURS D'ENFANTS, par Mme Charles Péronnet.
COLON (LE), par Paul Bory.
DENISE LAUGIER, par Marthe Bertin.
DETTE DES ROBERT (LA), par Mlle Marthe Lachèse.
DOUGLAS LE PIRATE, traduit de l'anglais par Massé-Viollet.
DRAMES DE LA MER (LES), par Cinq-Étoiles.
ENFANTS BIEN ÉLEVÉS (LES), par Mme la comtesse de Ferry.
EN ROULOTTE, par Julie Borius.
EN ROUTE POUR LA BAIE D'HUDSON, par M. Proulx.
ENTRE BOHÉMIENS, par Mme la comtesse André de Beaumont.
ÉTUDES ET SOUVENIRS, par M. l'abbé Barbier.
FAMILLE DE L'AMIRAL (LA), par E. Meunier.
FÉBRONIA, par l'abbé Stanislas Berthier.
GRANDE DAME, Histoire véritable, adaptation de l'allemand par Delauney du Dézen.
HÉRITAGE DE TANTE MANON (L'), par Pierre Ficy.
HÉROS PRÉCOCES, par Mme Marie de Grandmaison.
JALOUSE, ou la Conversion de Loulou, par A. Alhix.
JOURNAL D'UNE PENSIONNAIRE, par Mlle A. Alhix.
KARL ET TRINETTE, par Mme Louise de Bellaigue, née de Beauchesne.
MARGUERITE OU MARGOT? par Marie Leconte.
MOULIN DE LA LANDE (LE), par P.-M. Vrignault.
MUGUETTE L'INDIENNE, ou les Amis de la France au Canada, par Georges Bremond.
MUSIQUE EN FRANCE AU XIXe SIÈCLE (LA), par Paul Gabillard.
NOBLES CŒURS (LES), Souvenirs historiques, par Mme Alicie Sauquet.
PIÉTÉ FILIALE ET FRATERNELLE, par F. P. B.
PORTRAITS JAUNES, SCÈNES DE LA VIE CHINOISE, par M. l'abbé Lucien Vigueron.
RÉCITS D'UN OFFICIER D'AFRIQUE, par le capitaine Blanc.
ROBINSON RUSSE (LE), par Marc Anfossi, officier de l'Instruction publique.
SORTIE DE PENSION (LA), Conseils aux jeunes filles, par Mme Marie de Grandmaison.
SOUVENIRS DE DEUX GRANDS-PÈRES, réunis et arrangés par leur petite-fille Edmée.
SOUVENIRS DE GUERRE, par le commandant Blanc.
TANTE ROSIE, par Marie Thiollier.
TROP FAIBLE, par Marthe Bertin.
VACANCES DE GABRIELLE (LES), par Marie Leconte.
VERS LE BIEN, par M. Themer.

www.ingramcontent.com/pod-product-compliance
Ingram Content Group UK Ltd.
Pitfield, Milton Keynes, MK11 3LW, UK
UKHW012036240726
13965UKWH00003B/839